Suhrkamp BasisBiographie 46 **Ludwig van Beethoven**

AF203016

Leben Werk Wirkung

Malte Korff, geboren 1950 in Leipzig, studierte dort Musikwissenschaft; er arbeitete als Konzertdramaturg und ab 1979 als Lektor beim Deutschen Verlag für Musik Leipzig. Seit 1996 ist er als freiberuflicher Autor tätig und hat u. a. verschiedene Konzertführer und Biographien über Johann Sebastian Bach, Franz Schubert und Johannes Brahms sowie 2005 die BasisBiographie *Wolfgang Amadeus Mozart* veröffentlicht.

Ludwig van Beethoven

Suhrkamp BasisBiographie
von Malte Korff

Für meine Eltern

2. Auflage 2020
Suhrkamp BasisBiographie 46 Erste Auflage 2010 Originalausgabe
© Suhrkamp Verlag Berlin 2010
Druck: Kösel, Krugzell · Printed in Germany
Umschlag: Hermann Michels und Regina Göllner
ISBN 978-3-518-18246-8
Die Schreibweise entspricht den Regeln der neuen Rechtschreibung, Zitate
wurden in ihrer ursprünglichen Schreibweise belassen.

Inhalt

Wirkung

Anhang

»Durch Nacht zum Licht«

Im Gegensatz zu Bach, der erst im 19. Jahrhundert zu Ruhm gelangt, wird Beethoven bereits zu Lebzeiten als Heros gefeiert. Die Musik, die er komponiert, empfindet man als Botschaft an die Menschheit und als Sprache des leidenden, kämpfenden, »durch Nacht zum Licht« strebenden Individuums. Auch Beethoven durchschreitet alle Höhen und Tiefen des Lebens. Schon früh lernt er die Härten des Daseins kennen: Die Eltern, vor allem der labile, trunksüchtige Vater, bieten ihm kaum Halt, und an seinem beruflichen Werdegang besteht nur wenig Interesse. 14-jährig, nach intensivem Klavierstudium, wird er Organist an der Bonner Hofkapelle, erwirbt sich Achtung bei den Musikern und findet einflussreiche Freunde. In Wien tritt er als selbstbewusster Pianist auf und komponiert die ersten bedeutenden Werke. Kaum 28-jährig aber muss er feststellen, dass sich sein Gehör verschlechtert, und bereits 1801/02 ist er davon überzeugt, zu ertauben. Beethoven stellt sich dem Weg »durch Nacht zum Licht« und überwindet die Krankheit durch schöpferische Arbeit. Doch am bittersten trifft ihn die Zeit nach 1815 – dem Wiener Kongress –, in der die Ideale der Französischen Revolution zunichte gemacht werden, und tief enttäuscht ist er darüber, dass seine große Liebe scheitert. Erst in den Jahren 1817/18 überwindet der Künstler die Krise, die ihn zum Einsiedler und Misanthropen macht, und findet zu seiner bedeutendsten Schaffensphase, die in der Neunten Sinfonie und der *Missa solemnis* gipfelt.

Wie Beethovens Leben, so ist auch seine Musik durch das dramatische »Durch Nacht zum Licht« charakterisiert; ein Prozess, der jedoch innerhalb eines langen kompositorischen Weges erst errungen werden muss. Dies betrifft insbesondere die Sinfonien des Komponisten, welche ihn zum Ideenträger seiner Zeit machen.

Hier richtet er sich an die Menschen und fordert sie auf, Dunkelheit und Verzweiflung durch die Tat zu überwinden. Bereits in der Fünften Sinfonie, die einem Kampf mit dem Schicksal gleicht, wird der Botschaftscharakter deutlich. Das einleitende, drohende Klopfmotiv, das auch bei Bach und Schubert auftaucht, bildet den Ausgangspunkt für die dramatische Auseinandersetzung bis hin zum Triumphgesang des Finales. Diese in der Musikgeschichte einzigartige sinfonische Entwicklung steigert sich noch in Beethovens »Neunter«, die vom »verzweiflungsvollen Zustand«, wie ihn der Komponist nennt, auf einem noch längeren, beschwerlicheren Weg zur *Ode an die Freude* und damit zur großen, menschenverbrüdernden Idee führt. Auch in Beethovens einziger Oper *Fidelio*, die dem Freiheitsgedanken und der Gattenliebe huldigt, klingt das Motiv des zum Licht, zur Selbstverwirklichung strebenden Menschen an, und dies gleich zu Beginn, wo Florestan in einem finsteren Verlies eingesperrt die Rettung herbeisehnt. Doch zu Beethovens Musik gehören nicht nur die heroischen Werke, sondern auch diejenigen, in denen sich die Schönheit des menschlichen Lebens, Liebesglück und Menschenliebe widerspiegeln. So folgt der Dritten Sinfonie, der *Eroica*, die lyrisch-kantable, schwärmerische Vierte Sinfonie und das Violinkonzert, und der »Fünften« schließt sich die *Sinfonia pastorale* an, in der die innige Beziehung des Komponisten zur Natur zum Ausdruck kommt. Dies wird auch in den Werken anderer Gattungen deutlich, etwa in der Kammermusik, den Klaviersonaten und Liedern.

Neben Beethovens Werk fasziniert auch die eigenwillige, facettenreiche Persönlichkeit des Komponisten, in der sich idealistische Gesinnung mit dunklen, dämonischen Zügen mischt. Den Zeitgenossen erscheint er als Kraftgenie, Sinnbild des Willens und der göttlichen Inspiration. In Adelskreisen gilt er als Musikfürst und rebellischer Republikaner, der mit den Ideen des fortschrittlichen Bürgertums sympathisiert. Doch sein Wesen ist unberechenbar, und er gibt sich bald schwärmerisch, bald jähzornig. Beethoven kehrt den höheren Menschen hervor, und dann geschieht es, dass er dem gewöhnlichen Bürger mit aristokratischem Hochmut begeg-

net. Er ist voll Schaffenslust, die oft von der Liebe, vom Eros
inspiriert ist, und pflegt innige Freundschaften, die er wegen
Nichtigkeiten zerbricht. In Gesellschaften tritt er meist geist-
reich und witzig auf, stürmt aber wütend davon, wenn ihm
etwas nicht passt.

Die Verehrung Beethovens, die nach seinem Tod kultische
Züge annimmt, erreicht im Verlauf des 19. Jahrhunderts ihren
Höhepunkt. Er gilt als bedeutendster Klassiker und Vertreter der Humanitätsideale sowie als faustisch Suchender, der
den Kampf mit dem Schicksal aufnimmt und im Kunstwerk
verewigt. Sein musikalischer Einfluss reicht von Schubert
und Brahms, Wagner und Bruckner bis in die Neuzeit. Doch
die Anzahl idealistischer, im 19. und in der ersten Hälfte des
20. Jahrhunderts erscheinender Biographien, die ständig zunimmt, führt dazu, nur noch den Heros zu sehen und nicht
mehr die historische Gestalt mit all ihren Schattenseiten. Erst
im 20. Jahrhundert beginnt man, den wahren Beethoven und
sein Werk wissenschaftlich zu erforschen. Die Beliebtheit
seiner Musik wird dadurch nicht geschmälert, und bis heute
gelten die Worte Romain Rollands, die er 1927 zum 100. Todestag des Komponisten findet: »Jede Zeit hat ihren eigenen
Inbegriff allen Menschentums, ihren Gottessohn, und sein
Blick, sein Tun […], das Wort, das durch den Mund geht, sind
Gemeingut von Millionen. In Beethovens ganzem Wesen – in
seiner Art zu empfinden, […] stellt sich ein Stück europäischer
Geschichte dar.« (Rolland 1952, S. 7)

Leben

Kindheit und Jugend in Bonn (1770-1792)

Ludwig van Beethoven wird vermutlich am 16. Dezember
1770 in Bonn geboren. Seine Vorfahren, darunter viele Klein-
bauern und Händler, stammen aus dem heutigen Belgien.
Dort lebt im flämisch-brabantischen Kampenhout des 15. Jahrhunderts ein gewisser Johann van Beethoven, was so viel wie
»vom Rübenhof« bedeutet. Doch erst 1712 wird in Mecheln
ein Musiker geboren, der Ludwig van Beethoven heißt und
bei dem es sich um den Großvater des Komponisten handelt.
Dieser gelangt fünfjährig an die Chorknabenschule der Ka-
thedrale St. Rombout, geht als Bassist und Chordirektor nach
Löwen, dann nach Lüttich und steigt schließlich in der Bonner Hofkapelle zum angesehenen Hofkapellmeister auf. Lud-

Der Großvater:
Ludwig van
Beethoven (1712-
1773)

wig ist ein gutaussehender, stattlicher
Mann, der ernst und Respekt einflö-
ßend wirkt, und alles deutet darauf
hin, dass sein Enkel nicht nur das
musikalische Talent, sondern auch die
Energie und die Zielstrebigkeit von
ihm geerbt hat. Doch die Ehe Ludwigs gilt als problematisch: Seine
Frau Maria Josepha Poll verfällt dem
Trunk, und ihr Zustand wird so
schlimm, dass man sie in ein klöster-
liches Hospiz einweisen lässt, wo sie
1775 stirbt. Dennoch bringt Maria
drei Kinder zur Welt, von denen nur
Johann – Beethovens Vater – über-
lebt, der ebenfalls als Sänger in die
kurfürstliche Hofkapelle eintritt. Johann, der noch eine Zeit lang bei dem
Vater wohnt, gibt neben seiner Tätigkeit als Sänger auch Klavierunterricht in den Häusern des Adels und des wohlhaben-
den Bürgertums. Im Gegensatz zum Vater aber ist Johann nur
mittelmäßig begabt und dazu charakterlich labil. Er leidet
unter der Dominanz des Vaters, der nicht nur zu Hause die

tonangebende Figur, sondern auch in der Hofkapelle sein Vorgesetzter ist. Erst 1767, mit 27 Jahren, stellt ihm Johann seine künftige Frau vor: die junge Witwe Magdalena Leym geb. Keverich aus Ehrenbreitstein, Tochter des ehemaligen Oberhofkochs Johann Heinrich Keverich aus Trier, die sieben Kinder zur Welt bringt – darunter Ludwig van Beethoven.

Frühe Kindheit Die Kindheit und Jugend verbringt Beethoven in Bonn. Die reizvolle, links und rechts des Rheinufers malerisch eingebettete Stadt liegt nordwestlich des Siebengebirges und ist seit 1257 Regierungssitz des Kurfürsten und Sitz des Kölner Erzbischofs. Hier in der Bonngasse 515, heute die Nummer 20, das »Beethoven-Haus«, wird der Komponist als zweites Kind – das erste stirbt bereits 1769 – geboren. 1775 zieht die Familie in das Haus des Bäckermeisters Gottfried Fischer, ein Gebäude, das direkt am Rhein liegt und 1944 zerstört wird. Die Ehe der Eltern beginnt unbeschwert: Johann, der junge Hoftenor, der auch Englisch- und Französischunterricht gibt, kann seine Frau ernähren, und das Paar steht unter dem Schutz des einflussreichen, lukrativ verdienenden Vaters. Der aber stirbt 1773, und seitdem geht es mit Johann bergab: Das Geld wird knapp, und er beginnt wie schon seine Mutter Maria Josepha zu trinken. Die Hausarbeit überlässt er Maria, und auch die Kinder, die nach dem Sohn Ludwig geboren werden, und von denen nur Kaspar Karl (1774-1815) und Nikolaus Johann (1776-1848) überleben, kümmern ihn wenig. Maria, die als eine fleißige, aber nie lachende Frau beschrieben wird, bereut offenbar, dass sie den unbekümmerten, nicht eben verantwortungsbewussten Johann geheiratet hat. Immer wieder beklagt sie die Trinkschulden ihres Mannes und dass er sie des Abends so oft allein lasse.

> »was ist Heyrahten, ein wenig freud, aber nachher, eine Kette, von Leiden ...«
> (Beethovens Mutter zu Cäcilia Fischer, der Schwester von Gottfried Fischer; zit. n. Wetzstein 2006, S. 99)

Die Spannungen, die zwischen den Eltern herrschen, beeinflussen Beethovens Kindheit erheblich. Bereits früh verliert er einen Teil des Vertrauens zu seinem Vater, und so ist es nicht verwunderlich, dass sich der Fünf-, Sechsjährige gern an den Großvater erinnert, von dem ihm die Mutter erzählt, und an dem er innig hängt. Der Wunsch, selbst ein Kapellmeister zu werden, ist deshalb nur verständlich und nimmt in der Phantasie des Jungen einen bedeutenden Platz ein. Bereits mit vier Jahren bekommt er Klavier- und Violinunterricht. Doch der Vater ist streng, und Gottfried Fischer berichtet, dass er »den Lutwig […] am Klavier auf einem Bännkge stehen […] und spiele und Thräne vergiesen« (zit. n. Wetzstein 2006, S. 46) gesehen habe. Bekannt ist auch, dass er Beethovens frühe Begabung zum Improvisieren unterdrückt und ihn anherrscht, wenn er etwas ausprobiert: »was kratz du da nun wider Dummes Zeüg durcheinander, […] kratz nach den Nohten, sonsts wird dein kratzen wenig nutzen.« (Zit. n. ebd., S. 46) Wie Mozart will er ihn zum Wunderkind machen, und tatsächlich tritt Ludwig van Beethoven im März 1778 in Köln zum ersten Mal auf. Der Erfolg aber hält sich in Grenzen, und nun bekommt er Klavierunterricht bei dem Musiker und Schauspieler Tobias Pfeiffer, der Johanns Trinkkumpan ist. Dennoch kann man die Bedeutung des Vaters für Beethovens Entwicklung nicht gänzlich ignorieren. Immerhin reist er mit ihm in die nähere Umgebung, um seinen Horizont zu erweitern, und stellt ihn dem einen oder anderen einflussreichen Bekannten vor, der ihn ermuntert, mit dem Klavierspiel fortzufahren.

Das Haus in der Bonner Rheingasse

Mit sechs Jahren kommt Beethoven in die Elementarschule, die er jedoch 1781 wieder verlassen muss, da der Vater nicht viel Interesse an der schulischen Ausbildung seiner Söhne hat. Der Elfjährige, der die Orthographie nur mangelhaft beherrscht und in Mathematik nicht über das Addieren hinauskommt, beklagt dies selbst und bemüht sich später, das Versäumte nachzuholen. In dieser Zeit hat die Kindheit ihn schon geprägt: Er ist ernst und in sich gekehrt, still und scheu. Doch

Schule, Klavierunterricht

auch die Zuwendung der Mutter, die sich um seine jüngeren Brüder kümmern muss, reicht nicht aus. Oft bleibt er den Mägden überlassen und läuft schmutzig, vernachlässigt umher. Nicht selten zieht er sich in die Einsamkeit zurück und hängt stundenlang seinen Tagträumen nach oder zieht sich auf den Dachboden zurück, wo er mit zwei Fernrohren weit über den Rhein bis ins Siebengebirge schauen kann. In den Aufzeichnungen Fischers liest man: »Lutwig v: Beethoven war am Morgen auf seinem schlafzimmer, nach dem Hof zu, und lag an der Fänster […] und sah ganz ärnsthaft starr auf einen Fläcken hinn […]«, und dann sagte er: »ich war da, in einem so schöne, tiefe Gedanken beschäftig, da konnt ich mich gar nicht stören laße […]« (Zit. n. Wetzstein, S. 88)

Der Klavierunterricht Beethovens ist nicht zielstrebig, denn der Vater verliert bald die Lust, den eigensinnigen Sohn zu fördern. Dennoch gelingt es Ludwig, seine pianistischen Fähigkeiten fortzuentwickeln. Der Hoforganist Gilles van den Eeden bringt ihn ein Stück auf dem Klavier voran, der Stadtorganist Willibald Koch im Orgelspiel und der Konzertmeister der Bonner Hofkapelle, Franz Anton Ries, auf der Violine. Möglich, dass man ihn beim Hochamt und bei der Sechs-Uhr-Morgenmesse im Minoritenkloster die Orgel spielen lässt. Die meiste Zeit aber studiert er: übt bis nach Mitternacht Bachs *Wohltemperiertes Klavier* und das Klavierrepertoire der Zeit und versucht sich im Improvisieren.

Bonn

Der Kursitz Köln, dessen Residenzstadt Bonn ist, gehört zu den bedeutendsten deutschen Herrscherzentren, und auch Bonn orientiert sich in seinem barocken, glanzvollen Stil am französischen Hof Ludwigs XIV. Die Stadt entwickelt sich im 18. Jahrhundert zu einem der wichtigsten Zentren der Aufklärung. Sie bekommt eine wissenschaftliche Akademie, die Rechtsverhältnisse verbessern sich, und auch die neueste Literatur, in der fortschrittliche Ideen verbreitet werden, etwa in den Schriften Schillers, Herders und Rousseaus, sind im Buchhandel erhältlich. Doch erst der neue Kurfürst Maximilian Franz, der 1784 die Nachfolge antritt, bezieht die aufklärerischen Theorien in seine Herrschaft mit ein. Franz, der ein Bruder Josephs II. – eines mächtigen Vertreters des aufgeklärten Absolutismus – ist, versucht, ihm nachzueifern. Zu seinen Verdiensten gehört beispielsweise der Versuch, die Standesunterschiede durch Bildung und Erziehung zu mildern. Bereits 1785 wird die Akademie in den Rang einer Universität erhoben, an der die Menschen philosophisch denken lernen, und wo der Revolutionär Eulogius Schneider jakobinisches

»Die jetzige Regierung des Erzbisthums Köln [...] ist ohne Vergleich die aufgeklärteste und thätigste unter allen geistlichen Regierungen Deutschlands. Die ausgesuchtesten Männer bilden das Ministerium in Bonn [...]. Vortreffliche Erziehungsanstalten, die Aufmunterung des Ackerbaus und der Industrie [...] sind die einzigen Beschäftigungen des Kabinetts [...].«
(Aus einem Brief des umherreisenden Barons Johann Kaspar Riesbeck; zit. n. Riesbeck 1784, Bd. 2, S. 348)

Gedankengut verbreitet. Auch die Schlossbibliothek bietet etliches an Literatur mit den Schriften Voltaires, Friedrichs II. und der Enzyklopädisten. Bedeutend ist die von Maximilian Friedrich begründete Nationalbühne, die sich am Vorbild Wien und am fortschrittlichen Mannheimer Hoftheater orientiert, das die Schauspielkunst »zu einer Sittenschule für das deutsche Volk erheben« will (Schiedermair 1978, S. 50). Das Bonner Theater zeigt die Werke Lessings, Schillers und Voltaires. Auch die Konzerte der Hofkapelle, die Beethoven hört, sind dem neuen Geist verpflichtet: Im prächtigen Akademiesaal des Schlosses spielt man die Komponisten der Mannheimer Schule: Johann und Carl Stamitz, Franz Xaver Richter und Christian Cannabich, die mit ihrem neuen leidenschaftlichen Instrumentalstil, der sich durch machtvolle dynamische Steigerungen und jähe Kontraste auszeichnet, zur Ausbildung der

Beethoven mit 13 Jahren

Wiener Klassik beitragen, und natürlich die klassischen Meister Haydn und Mozart.

Beginn als Hoforganist Mit 14, 15 Jahren entwickelt sich Beethoven zu einem tüchtigen Musiker. Er wird Hoforganist, und dies mit einem Gehalt von 150 Florin, die etwa 150 Talern entsprechen. Nicht mehr ungepflegt, sondern in der Hofmusiker-Uniform läuft er umher: mit »grüne Frackrock, grüne, kurze Hoß mit Schnalle, […] geblümde West mit Klapptaschen, […] Fisirt mit Lokken und Hahrzopp, […] unterm linken Arm sein Dägen […].« (Zit. n. Wetzstein 2006, S. 76) Der neue Status erfüllt Beethoven mit Stolz, und er beginnt, sich von seinem Vater zu distanzieren. Nicht mehr lange, dann wird er die Kindheit zu verdrängen suchen und sich später in Wien sogar in die Vorstellung hineinsteigern, er sei ein illegitimer Sohn des Preußenkönigs Friedrich Wilhelm II. Bereits 1781 (oder

Unterricht bei Neefe 1782) nimmt Beethoven Kompositionsunterricht bei Christian Gottlob Neefe. Der junge Dirigent aus dem sächsischen Chemnitz kommt 1779 nach Bonn und übernimmt die Hoforganistenstelle van den Eedens. Neefe, der Beethovens wichtigster Lehrer ist, macht ihn nicht nur mit den Klassikern, sondern auch mit Johann Sebastian Bach und dem Sturmund-Drang-Stil von dessen Sohn Carl Philipp Emanuel vertraut. Hinzu kommen musiktheoretische Unterweisungen wie etwa in der strengen Kontrapunktlehre von Johann Joseph Fux. Neefe erkennt Beethovens Talent und fördert es. Bereits 1782 bildet er ihn zum stellvertretenden Hoforganisten aus und übergibt ihm seine Stellung als Cembalist, zu der auch das Dirigieren gehört. Darüber hinaus lässt er die drei bereits 1882/83 entstandenen Klaviersonaten WoO 47 (WoO = Werk ohne Opuszahl), die Maximilian Friedrich gewidmeten Kurfürsten-Sonaten, drucken und schreibt in *Cramers Magazin der Musik*, einer bedeutenden Musikzeitschrift, über ihn: »Louis van Betthoven, […] ein Knabe von 11 Jahren, und von vielversprechendem Talent. Er spielt sehr fertig und mit Kraft das […] wohltemperierte Clavier von Sebastian Bach, welches ihm Herr Neefe unter die Hände gegeben […]. Er würde gewiß ein zweiter Wolfgang Amadeus Mozart werden, wenn er so fortschritte […].« (TDR1 1917, S. 150) Der Aufklärung verpflichtet, bemüht sich Neefe auch um die philosophische und ästhetische Bildung seines Zöglings. Musik ist für ihn die Sprache des Herzens und, wie die Literatur, von sittlich-moralischen Prinzipien geprägt.

In den Jahren 1785/86 stagniert Beethovens künstlerische Kreativität. Der 15-Jährige ist zu sehr im Orchester gefordert, und auch die kompositorisch-handwerkliche Bildung, die Neefe für unzureichend hält, muss noch intensiviert werden. Dazu kommen familiäre Katastrophen. Im Frühjahr 1787 schickt ihn der Kurfürst nach Wien, um dort sein pianistisches Können zu präsentieren und möglicherweise Kompositionsunterricht bei Mozart zu nehmen. Doch kurz darauf erfährt Beethoven, dass seine Mutter, die an Schwindsucht erkrankt ist, im Sterben liegt, und fährt zurück. Der Tod Maria **Tod der Mutter** Magdalenas, an der Beethoven sehr hängt, führt den 17-Jährigen in eine tiefe Krise. Nun ist er nicht nur für den trunksüchtigen Vater, sondern auch für die beiden jüngeren Brüder verantwortlich. Immer mehr wird er zu Johanns Hüter, der den Bezug zur Realität verliert, und muss sich sogar bei der Polizei verwenden, um die Festnahme des völlig haltlos Gewordenen zu verhindern. 1789 bittet er den Kurfürsten, ihm die Hälfte der väterlichen Pension zur Führung des Haushalts zu zahlen, und möglicherweise dringt er sogar darauf, Johann vom Hofdienst zu suspendieren. In dieser sorgenerfüllten Zeit prägt sich bereits der energische, zielstrebige Charakter des jungen Musikers.

Die letzten Jahre, die Beethoven in Bonn verlebt – von 1789 bis 1792 –, bringen einen gewaltigen Aufschwung. Der 19-Jährige spielt in der Hofkapelle die Bratsche und genießt den Ruf eines fleißigen, hochbegabten Musikers. Daneben wirkt er als Bratschist an der gerade eröffneten Bonner Hofoper und spielt in mehreren Mozart-Opern mit. Hier lernt er auch die deutschen Singspiele von Johann Adam Hiller kennen sowie Stücke von André Grétry, eines Hauptvertreters der französischen Opéra comique. Beethoven verdient gut. Mit 450 Gulden bezieht er ein ausreichendes Gehalt, um die Familie durchzubringen. In dieser Zeit ist er schon als Pianist geschätzt, der mit einer neuen, ungewöhnlichen Klavierbehandlung aufwartet. Der Vortragsstil des jungen, ungestümen Virtuosen tendiert bereits zum spätklassischen, das heißt: nicht modisch-süß, sondern kräftig, brillant und phantasievoll-eigenwillig. Kritiker beurteilen den Klavieranschlag Beethovens mitunter sogar als rauh, grob, und der Pianist Johann B. Cramer äußert gegenüber dem Sekretär des Komponisten Anton Schindler, sein Spiel sei zwar »wenig ausgebildet, nicht selten ungestüm, wie er selber, […] immer jedoch voll Geist« (Kerst 1923, Bd. 1, 2. Aufl., S. 66). Auch seine immer ausgeprägtere Kunst des Improvisierens versetzt das Publikum in Erstaunen.

Erste Freundschaften Das Gefühl Beethovens, dass ihm nicht nur der Vater, sondern bis zu einem gewissen Grade auch seine beiden Brüder fremd sind, führt ihn dazu, sich mit Gleichgesinnten anzufreunden. Bereits seit längerem steht ihm der tschechische Flötist und Komponist Anton Reicha nahe, und auch mit dem jungen, von Maximilian Franz geförderten Mediziner Franz Gerhard Wegeler, der 1789 einen Lehrstuhl an der Bonner Universität bekommt, ist er innig befreundet. Wegeler ist es, der ihn in die Familie der Hofrätin Helene von Breuning einführt, eine junge mütterliche Witwe, die ihn umsorgt und zu der er großes Vertrauen hat. Diese bittet ihn, ihrer Tochter Eleonore Klavierunterricht zu geben, und er verliebt sich zum ersten Mal. Auch zu den drei Söhnen Lorenz, Stephan und Christoph stellt sich bald ein freundschaftlicher Kontakt her. Hier, in geistig regsamer, warmherziger Atmosphäre fühlt er

> »Beethoven wurde bald als Kind des Hauses behandelt […]. Hier fühlte er sich frei, hier bewegte er sich mit Leichtigkeit, Alles wirkte zusammen, um ihn heiter zu stimmen und seinen Geist zu entwickeln.«
> (Aus den Jugenderinnerungen des Arztes und Beethoven-Freundes Franz Georg Wegeler; zit. n. Wegeler / Ries 1972, S. 10)

sich wohl und in seiner Persönlichkeit bestätigt. Zum Breuning-Kreis zählt ebenfalls Graf Ferdinand Ernst von Waldstein, der sich als Pianist einen Namen macht und Beethoven später durch Empfehlungsschreiben und die Fürsprache bei Maximilian Franz bei der Übersiedlung nach Wien unterstützt. Beethoven verkehrt im Weinhaus »Zehrgarten«, wo sich ein Kreis von Vertretern des aufgeklärten Adels, Gelehrten, Künstlern und Radikalen zusammenfindet. Man diskutiert über die beste Staatsform und die Ideen der Französischen Revolution, über Philosophie, Religion oder Moral. Dagegen konzentriert sich die Bonner »Lesegesellschaft« auf die Schriften Kants und Herders sowie Schillers *Räuber*. Und nicht zuletzt sind es die Illuminaten (die »Erleuchteten«), die ursprünglich den Freimaurern nahestehen, welche die Runde beeinflussen. Dies alles fasziniert den jungen, aufgeschlossenen Komponisten, und so ist es kaum ein Wunder, dass er sich 1789 an der Bonner Universität immatrikuliert, um Vorlesungen über Kant und griechische Geschichte zu hören. Die religiösen Anschauungen Beethovens sind dagegen weniger bekannt. Der Vater legt nie Wert auf eine solide christliche Erziehung, und so stehen aufklärerische und Kant'sche Sittlichkeitsbegriffe des »kurfürstlichen Katholizismus« im Vordergrund. Dennoch ist er mit den katholischen Grundsätzen vertraut, und es ist bekannt, dass er eine kurze Zeit lang von den Jesuiten erzogen wird. Auffallend ist zudem die frühe Neigung zu Sittlichkeit und Tugend, die für ihn die höchsten Ideale verkörpern. Dem Ehepaar Bigot, das er in Wien kennenlernt, schreibt er: »nie werden Sie mich unedel finden, von Kindheit an lernte ich die Tugend lieben – und alles, was schön und gut ist (BG4 1996, S. 306)«.

In den Jahren 1789-1792 komponiert Beethoven die meisten seiner rund 50 Jugendwerke. Hierzu gehören etwa fünf Klaviersonaten und mehrere Variationszyklen für Klavier, Kammermusik, etliche Lieder und sogar schon Fragmente zu einer Sinfonie. Im Gegensatz zu Mozart, der 17-jährig bereits die ersten stark subjektiv geprägten Sinfonien komponiert, künden die meisten Werke des jungen Beethoven noch nicht von einem so entwickelten persönlichen Stil, sondern nehmen eine Vielzahl deutscher, italienischer und natürlich Wiener Einflüsse auf. In dieser Zeit lernt Beethoven auch das 1785 entstandene Gedicht *An die Freude* von Schiller kennen, ein Trinklied, das viele Musiker zu Vertonungen anregt, und er beabsichtigt ebenfalls, die Strophen in Musik zu setzen. Doch

Jugendwerke

erst ein Vierteljahrhundert später, 1823, finden sie Eingang in die Neunte Sinfonie.

Im Februar 1790 stirbt Kaiser Joseph II., und in Bonn herrscht Trauer. Die »Lesegesellschaft« plant eine Gedenkveranstaltung und gibt bei Beethoven eine *Kantate auf den Tod Kaiser Josephs des Zweiten* in Auftrag. Obwohl die Aufführung der »Josephskantate« nicht zustande kommt, da es offenbar Probleme beim Einstudieren gibt, handelt es sich hier um eines der ersten bedeutenden Frühwerke des Komponisten. Das Stück nimmt die wichtigsten kompositorischen Mittel des späteren »heroischen Stils« vorweg: die edle, weit ausschwingende »Humanitätsmelodik« und auch den dramatischen Ton, von dem das Ganze lebt. Dann, im Dezember 1790, trifft Beethoven wahrscheinlich zum ersten Mal auf den großen Klassiker Joseph Haydn. Haydn ist auf dem Weg nach England, um dort die ersten seiner berühmt gewordenen »Londoner Sinfonien« aufzuführen – Werke, in denen sich der klassische Stil in geradezu idealer Weise manifestiert. Der Meister, der auf dem Gipfel seines Ruhmes steht, macht in Bonn Station, und der Kurfürst gibt ihm zu Ehren einen Empfang, zu dem wohl auch Beethoven eingeladen ist, der dem Gast möglicherweise die »Josephskantate« zeigt. Doch erst im Juli 1792 kommt es zu einer zweiten Begegnung: Haydn, der in London inzwischen die größten Triumphe verbucht, besucht Bonn ein weiteres Mal, und spätestens jetzt besteht die Gelegenheit, dem Maestro diese oder auch die inzwischen neu entstandene *Kantate auf die Erhebung Leopolds des Zweiten zur Kaiserwürde* zu präsentieren. Haydn ist so beeindruckt, dass er den jungen Komponisten zum Schüler nimmt, und der Kurfürst erklärt sich bereit, die Kosten für eine Ausbildung in Wien zu übernehmen.

Am 2. oder 3. November 1792 bricht Beethoven in die Donaustadt auf. In dieser Zeit wird Bonn schon von den Kriegsereignissen überschattet: Napoleon und seine Truppen nähern sich Köln, und auch die Bewohner von Bonn drängen massenweise aus der Stadt. Das Erzbistum geht später zum Teil an Frankreich, während der Rest säkularisiert wird. Auch Maximilian Franz gehört zu den Flüchtenden und lässt sich als

Begegnung mit Haydn

Privatier in der Nähe Wiens nieder. 1801 stirbt er. Bereits 1792 stirbt Beethovens Vater an Herzversagen.

Früher Aufstieg in Wien (1792-1800)

Als Beethoven Ende 1792 nach Wien kommt, befindet sich die Habsburgerresidenz im politischen Umbruch. Bereits 1789/90 musste Joseph II. die von ihm durchgeführten Reformen größtenteils wieder zurücknehmen, und das Zeitalter des aufgeklärten Absolutismus geht zu Ende. Franz II., Leopolds Nachfolger, fürchtet, dass die Ideen der Französischen Revolution auch nach Österreich gelangen und so den Sturz des Regimes bewirken könnten. Österreich entwickelt sich zu einem Polizeistaat, der die Bürger bespitzelt, die Presse wird staatlich gelenkt und alles Geschriebene zensiert. Dennoch stehen die Ideale der Aufklärung in den Kreisen des fortschrittlichen Adels und des Bürgertums noch immer in hohem Ansehen. Die geistige Unterdrückung drängt nach einem Ventil, das in der Philosophie, in der Literatur und vor

Blick auf Wien. Stich von F. K. Zoller, 1785

allem in der Musik gefunden wird. Der aufgeklärte Adel pflegt eine Instrumentalmusik, die nun nicht mehr wie früher nur dem Bedürfnis nach Unterhaltung und Repräsentation dient, sondern von den Idealen der Klassik durchdrungen ist. Man verehrt den klassisch-humanistischen Geist in den Sinfonien und Kammermusikwerken von Haydn und Mozart, die von

»Schönheit« und der »Veredlung des Menschen« künden, in die aber auch ganz neue, gegenwartsbezogene Stimmungen eingehen: Gefühle des Schmerzes, schroffe Töne des Aufbegehrens und eine bis dahin nie dagewesene Gedankentiefe. Diese Gesellschaft ist es, welche den jungen, idealistisch gesinnten Beethoven willkommen heißt und die ihn bewundert und fördert.

In der ersten Zeit, die Beethoven in Wien verbringt, logiert er in der heutigen Alsergasse 45, unterm Dach. Voller Tatendrang bemüht er sich um ein Klavier, geht zum Perückenmacher und kauft die nötige Kleidung. Der Unterricht bei Haydn ist das Wichtigste, doch es drängt ihn auch, sich den Adelskreisen als Pianist zu präsentieren. Darüber hinaus gibt

Lichnowsky, er Klavierunterricht für junge Damen, die ihn entzücken. Zu
van Swieten Beethovens ersten Gönnern gehört der nur neun Jahre ältere, musikliebende Fürst Karl von Lichnowsky, der ein eigenes Streichquartett unterhält und den Neuankömmling mit

Zuvorkommenheit geradezu überschüttet. Beethoven tritt als Pianist und Improvisator in Lichnowskys Matineen auf und komponiert für das Quartettensemble. Der Fürst wünscht sich aber auch, dass er ein Freund ist, mit dem man zusammen wohnen, musizieren und dinieren kann, und so macht er ihm den Vorschlag, mit in seine große Stadtwohnung zu ziehen, wo er zwei Zimmer erhält. Das Verhältnis Beethovens zur Aristokratie ist ganz ungezwungen. Die jungen Adligen bewundern ihn, und manch einer sieht in ihm *die* Identifikationsfigur. Lichnowsky unterstützt ihn auch finanziell, nachdem Maximilian Franz die Zahlungen einstellt. Ab 1800 bezieht Beethoven sogar eine jährliche Summe von

Fürst Karl 600 Gulden. Zu den einflussreichsten Persönlichkeiten des
Lichnowsky Musiklebens, die ihn unterstützen, gehört der Direktor der
(1756–1814) Wiener Hofbibliothek Baron Gottfried van Swieten, der regelmäßig Privatkonzerte mit »alter Musik« veranstaltet, vor

allem mit Chormusik von Bach, Händel und den Meistern der Renaissance. Der Baron, den Anton Schindler einen »musikalischen Nimmersatt« nennt (Schindler 1860, S. 65), lädt Beethoven oft zu sich ein, und auf einem Billet van Swietens, wo dieser den Wunsch andeutet, mit dem jungen Künstler bis zum frühen Morgen zu musizieren, heißt es: »Wen Sie künftigen Mittwoch nicht verhindert sind, so wünsche ich Sie um halb neun uhr mit der Schlafhaube im Sack bey mir […].« (Zit. n. Solomon 1977, S. 81)

In den ersten Jahren fasziniert Beethoven die Adligen als Pianist in den halbprivaten Hauskonzerten des Bankiers Würth und im Palais des Fürsten Lobkowitz. Der Fürst ist musikalisch hochbegabt und spielt selbst die Violine sowie das Violoncello. Die Liebe zu Musik und Theater steigert sich bei ihm

Der Klaviervirtuose

> »Das Größte und Reichste und Schönste aus der großen Wiener Welt war beim Fürsten Lobkowitz versammelt. […] Welche Güte und Freundlichkeit in allem und wie durchaus keine Spur von Zwang und Rangordnung in der ganzen Gesellschaft! Zum Souper förmlich eingeladen, […] fand [ich] aber alles, vom ersten Fürsten bis zum letzten Künstler, ohne eigentlichen Putz.« (Johann Friedrich Reichardt, *Vertraute Briefe geschrieben auf einer Reise nach Wien*, Bd. I, S. 140 f.)

bis zur Sucht, und er gibt dafür so viel Geld aus, dass ihn dies in den Ruin treibt. Auch der junge Pianist Carl Czerny berichtet, dass Beethoven von der »hohen Aristokratie alle mögliche Unterstützung und eine Pflege und Achtung genoß, wie nur je einem jungen Künstler zu Theil geworden« (zit. n. TDR3 1923, S. 76). Zu dieser Zeit ist die Klaviervirtuosen-Konkurrenz in Wien nur gering, da sich die berühmtesten Künstler, darunter z. B. der Italiener Muzio Clementi, in London aufhalten. Dennoch betrachtet Beethoven die etwa 300 Klavierspieler der Donaustadt als ernstzunehmende Rivalen, und so schreibt er Eleonore von Breuning, er beabsichtige, »die hiesigen Klaviermeister in Verlegenheit zu setzen […]. Manche davon sind meine Todfeinde …« (Schaefer 1970, S. 19) Die Bereitschaft Beethovens, sich in den damals üblichen Klavierwettkämpfen zu messen, zeigt, wie überzeugt er von seinem eigenen Könnens ist. Die ungewöhnliche Wirkung, die er dabei auf das Publikum ausübt, beschreibt sein späterer Schüler Carl Czerny so: »In welcher Gesellschaft er sich auch befinden mochte, er verstand es, einen solchen Eindruck auf jeden Hörer hervorzubringen, daß häufig kein Auge trocken blieb […]. Wenn er eine Improvisation dieser Art beendigt hatte, konnte er in lautes Lachen ausbrechen und seine Zuhörer über die Bewegung, die er in ihnen verursacht hatte, verspotten. ›Ihr seid Narren‹, sagte er dann wohl […], ›wer kann unter so verwöhnten Kindern leben!‹«(Zit. n. TDR2 1922, S. 14)

Kompositions-unterricht

Beethoven lässt sich jedoch nicht nur als Klaviervirtuose feiern, sondern drängt zum Kompositionsunterricht. Haydn, der den Meisterschüler erwartet, ist freundlich, wohlwollend. Das Programm beginnt mit der Fux'schen Kontrapunktlehre, und auch die klassischen Kompositionstechniken werden gelehrt: der Aufbau einer Sinfonie, die Exposition und Durchführung musikalischer Themen sowie die Gestaltung von Kontrasten. Doch Haydn ist zu beschäftigt, um sich mit Beethoven gründlich auseinanderzusetzen, und so wendet sich dieser enttäuscht an den Singspielkomponisten Johann Schenk, den er bittet, seine Übungen zu begutachten. Nicht lange, dann nimmt er zusätzlich Unterricht bei dem Musiktheoretiker Johann Georg Albrechtsberger, den er trotz Respekts einen Schöpfer »musikalischer Gerippe« nennt, während dieser ihn als einen »exaltierten musikalischen Freigeist« bezeichnet (zit. n. TDR1 1917, S. 66). Darüber hinaus lernt

Joseph Haydn (1732-1809)

Beethoven auch den berühmten Hofkapellmeister und Komponisten Antonio Salieri kennen, der ihn im »freien Stil« unterrichtet sowie im Fach italienische Gesangskomposition berät. Noch Jahre später grollt Beethoven seinem ersten Lehrer Haydn, von dem er behauptet, er habe sich nicht genügend um ihn gekümmert, und von dem er nie etwas gelernt haben will.

Bereits in den ersten Wien-Jahren gewinnt Beethoven immer neue Gönner und Verehrer. Zu diesen gehören auch der Fürst Nikolaus Esterházy, der Neffe des gleichnamigen, 1790 verstorbenen Förderers von Haydn, sowie der schon erwähnte Fürst Franz von Lobkowitz, der ihm zum Proben sein Privatorchester zur Verfügung stellt und mit dem er später seine ersten Sinfonien vorstellt. Befreundet ist er mit dem Hofsekretär Baron Nikolaus Zmeskall von Domanovecz, einem Beamten der ungarischen Hofkanzlei, der das Violoncello spielt, komponiert und ihm Zugang in die Wiener Salons verschafft. Beethoven geht nicht gerade zimperlich mit dem neuen Freund um: nennt ihn »Liebster Baron Dreckfahrer«, und die Briefe, die er an ihn schreibt, sind an den »nicht Musikgraf, sondern Freßgraf – Dineen, Supeen Graf« und den »Hochwohl-WohlWohlgeboren des Herrn von Zmeskall«, dem er »ganz verflucht ergeben« ist, gerichtet (zit. n. Irmen 1998, S. 177). Doch Zmeskall, der sich als aufopferungsvoller Freund und Helfer in praktischen Dingen erweist – beispielsweise versorgt er ihn mit den zum Komponieren so wichtigen Federkielen –, ist nicht nachtragend. Da Beethoven noch keine eigene Familie hat, versucht er sich den aristokratischen Familien anzuschließen. Die Adligen, darunter auch Lichnowsky, besitzen große Landgüter, die sie im Sommer aufsuchen, und so bekommt er, der ein großer Naturliebhaber ist, die Möglichkeit, hier in idyllischer Umgebung zu arbeiten. Inzwischen sind auch die Brüder Beethovens selbständig geworden und siedeln sich 1794 bzw. 1795 (1797?) ebenfalls in Wien an. Johann, der Jüngere, arbeitet als Apotheker, und Kaspar Karl versucht sich als Klavierlehrer, ist aber später bei der k. k. Universal-Staatsschuldenkassa tätig. Daneben fungiert er als Beethovens Sekretär, der nicht selten die Verhandlungen mit den Verlegern führt, die ihn als einen berüchtigten Geizhals und Grobian fürchten. Das Verhältnis zu den Brüdern ist nicht das beste, schwankt zwischen Zuneigung und Rivalität, und nicht nur einmal kommt es zum Streit. Beethoven bevorzugt idealisierende Freundschaften zu Gleichgesinnten, so zu den Bonner Jugendfreunden Stephan Breuning und Franz Gerhard Wegeler, die ihm ebenfalls nach-

Neue Gönner und Freunde

gefolgt sind, um den neuen, misslichen Zuständen im besetzten Bonn zu entfliehen. Zu Beethovens Freunden gehört nun auch der junge, hochbegabte Geiger Ignaz Schuppanzigh, der ab 1794 das Lobkowitzsche Streichquartett leitet. Beethoven nimmt Unterricht bei ihm, um seine späteren Kompositionen für die Violine möglichst angemessen und vielseitig einsetzen zu können. Wegen seiner Dickleibigkeit nennt ihn Beethoven das »Falstafferl«. Schuppanzigh ist es auch, der die meisten Streichquartette des Komponisten zur Uraufführung bringt, vor allem die späteren.

Die Freundschaften zu den Adligen sind häufig von Problemen überschattet. Beethoven, der die Unabhängigkeit liebt, reagiert auf die Bitte zu spielen oft ungehalten. Zudem besteht er darauf, dass die Kunst, welche er bietet, keine Unterhaltung ist, geschweige denn eine Dienstleistung. Dies bestätigt eine Überlieferung, nach der er in einem Vorspiel, das von Zuhörern gestört wird, den Klavierdeckel zuwirft und ausruft: »Für solche Schweine spiele ich nicht.« (Wegeler / Ries 1972, S. 92) Nicht einmal Lichnowsky darf ihn bestimmen, denn ist z. B. das Mittagessen auf 16 Uhr festgesetzt, dann fehlt er und speist in einem der umliegenden Gasthäuser.

Vgl. Klaviertrios op. 1, S. 103 In Wien beginnt Beethoven, sich von seinem Vorbild Mozart zu befreien. Zu den 1793 / 94 fertiggestellten Kompositionen gehören die drei Klaviertrios op. 1, die im Hause Lichnowskys aufgeführt werden. Unter den Gästen befindet sich offenbar auch Haydn, der die ersten beiden Trios lobt, das dritte aber, das sich schon durch dunkel dräuendes Vorandrängen und kühne musikalische Neuerungen auszeichnet, für die Veröffentlichung noch nicht geeignet hält. Beethoven verübelt ihm dies und wittert Neid. Doch in den folgenden Jahren harmonisiert sich das Verhältnis zwischen den beiden: Haydn akzeptiert den Jüngeren, und auch Beethoven improvisiert nun öffentlich über musikalische Themen seines einstigen Lehrers. Im Herbst 1795 präsentiert Beethoven in einem weiteren Konzert bei Lichnowsky die drei Haydn gewidmeten Klaviersonaten op. 2, von denen die hochexpressive f-Moll-Sonate besonders hervorsticht. Mit ihrem piano einsetzenden, sich dramatisch steigernden »Raketenthema« beginnt die Reihe der Sonaten, die sich insbesondere durch ihren leidenschaft-lich-subjektiven Ton auszeichnen. Noch bedeutender sind die drei etwas später entstandenen Klaviersonaten op. 10. Wie es Beethoven hier versteht, einen mozartischen Gedan-ken gleichsam zu »schärfen«, zeigt sich schon in der aufschie-ßenden, rhythmisch punktierten Anfangsfigur des Kopfsat-zes. Auch die radikalen Stimmungsgegensätze, die extremen Tempi und die tiefe Innerlichkeit, z. B. im langsamen zweiten Satz, künden die zunehmende, über Haydn und Mozart hin-ausgehende Individualisierung der Werke an.

Sind die Erfolge Beethovens zunächst auf die halbprivaten Hauskonzerte in den Salons beschränkt, so tritt er am 29. März 1795 zum ersten Mal als Pianist und Komponist öffentlich im k. k. Hoftheater nächst der Burg (das heutige Burgtheater) auf. Das Klavierkonzert, das er spielt – das erste oder das zweite (vielleicht sogar beide) –, ist überaus erfolgreich, und in der Presse heißt es, dass »der berühmte Herr Ludwig von Beetho-ven mit einem von ihm selbst verfaßten neuen Konzerte […] den ungetheilten Beifall des Publikums geärndet […]« habe (*Wiener Presse* vom 31. März 1795). Kurz darauf tritt er wie-derum im Burgtheater, diesmal als Improvisator, auf, und am 31. März spielt er ein Klavierkonzert von Mozart (vermutlich KV 466) – nicht zuletzt deshalb, um sich im öffentlichen Be-wusstsein mit dem großen Vorbild identifizieren zu lassen. In den Jahren 1795 bis 1798 präsentiert sich Beethoven fast ein Dutzend Mal in großen Konzerten, meist in Veranstaltungen, die andere bedeutende Musiker, neben Haydn beispielsweise die berühmte Sängerin Josepha Duschek, geben. In dieser Zeit wächst das Selbstbewusstsein des jungen Komponisten, dem es immer mehr gelingt, sich in der musikalischen Welt Wiens durchzusetzen. Die Hochstimmung kommt auch darin zum Ausdruck, dass er nun immer mehr auf sein Äußeres achtet, elegante Kleidung trägt und sich ganz mit der Aristokratie identifiziert. Den Höhepunkt dieser Jahre bildet eine große Konzertreise mit Lichnowsky, die ihn zwischen Februar und Juli 1796 nach Prag, Dresden, Leipzig und Berlin führt. In Prag gibt Beethoven ein Konzert, dessen Einzelheiten nicht bekannt sind, doch in *Schönfelds Jahrbuch der Tonkunst von*

Erste öffentliche Auftritte

Konzertreise

Wien und Prag heißt es über den Komponisten: »Seit einiger Zeit scheint er mehr als sonst in das innere Heiligthum der Kunst eingedrungen zu seyn, wodurch er dann seinen Ruhm um ein Ansehnliches erhöhet hat […].« (Wien 1796, S. 7 f.) In Dresden, der glanzvollen Musikmetropole, tritt Beethoven vor dem sächsischen Kurfürsten Friedrich August III. auf, und der kurkölnische Kammerherr von Schall berichtet Maximilian Franz: »jedermann, so ihn auf dem Klavier spielen gehört, war entzückt. Beim Kurfürsten, […] einem Kenner in der Musik, hatte er die Gnade, abends ganz allein ohne Akkompagnement bis 1½ Stunden zu spielen.« (Schiedermair 1978, S. 321) In Berlin stellt er Friedrich Wilhelm II., einem passionierten Violoncellospieler, zusammen mit dem Violoncellisten Jean Louis Duport die beiden Sonaten für Violoncello und Klavier op. 5 vor, und der Preußenkönig schenkt ihm dafür eine goldene, mit Louisdors gefüllte Schnupftabakdose. Möglich, dass Beethoven daraufhin spekuliert, am preußischen Hof eine Anstellung zu finden, denn der Monarch sympathisiert mit dem neuen musikalischen Stil, lässt Opern von Mozart und Gluck aufführen und fördert die bedeutende Berliner Singakademie, welche von dem namhaften Liedkomponisten Karl Friedrich Zelter geleitet wird.

Die Jahre von 1798 bis 1801 sind für Beethoven von rastlosem Schaffen erfüllt. 1798/99 komponiert er die berühmte *Sonate pathétique* c-Moll op. 13, die mit der ganzen Gefühlsskala des Sturm und Drang – Leidenschaft, Dramatik, Verzweiflung und Hoffnung – aufwartet. Inzwischen hat er auch das Dritte Klavierkonzert in c-Moll komponiert. Im Gegensatz zu dem festlich-virtuosen Ersten Klavierkonzert, das noch an Haydn und Mozart erinnert, ist das 1800 entstehende, dramatisch-hochexpressive dritte Konzert nun bereits ganz Beethoven-typisch und wird später zum Vorbild für das klassisch-romantische Solokonzert des 19. Jahrhunderts. Am 2. April 1800 gibt Beethoven das erste, zu eigenen Gunsten gehende Konzert im Wiener Burgtheater. Auf dem Programm stehen die gerade fertiggestellte Erste Sinfonie und das Erste Klavierkonzert, und in der Kritik heißt es: »Endlich bekam doch auch Herr Beethoven das Theater einmal, und dies war wahrlich die in-

Vgl. *Sonate pathétique*, S. 106

Vgl. Klavierkonzerte Nr. 1, Nr. 2 u. Nr. 3, S. 92 ff.

Vgl. Erste Sinfonie, S. 74 f.

teressanteste Akademie seit langer Zeit. Er spielte ein neues Konzert von seiner Komposition, das sehr viel Schönheiten hat [...]. Er phantasirte dann meisterhaft, und am Ende wurde eine Symphonie von seiner Komposition aufgeführt, worin sehr viel Kunst, Neuheit und Reichtum an Ideen war [...].« (Leipziger *Allgemeine musikalische Zeitung*, 1800, Nr. 3, S. 49) Kurz darauf folgt die nächste Herausforderung: Das Hofburg-Theater plant ein Ballett *Die Geschöpfe des Prometheus*, für das Beethoven die Musik komponieren soll. Der Stoff ist hochaktuell. Prometheus, der Menschheitserleuchter, steht für ein Idol der Aufklärung und weist auf Napoleon Bonaparte. Obwohl Beethoven dem aufgeklärten Absolutismus, d. h. der umsichtigen Herrschaft eines Monarchen, der seinen Untertanen gewisse Grundrechte zubilligt, durchaus zugetan ist, fasziniert ihn dennoch die schillernde Gestalt des großen Feldherrn, der die Französische Revolution offenbar in ganz Europa verbreiten will. Die Uraufführung des Balletts findet am 28. März 1801 statt und wird zu einem so großen Erfolg, dass das Stück über zwanzig Male wiederholt werden muss. In dieser Zeit ringen bereits die Musikverleger um Beethovens Werke, z. B. die Wiener Verlage Artaria & Co., S. A. Steiner und P. Cappi. Beethoven, der nun als Komponist den Durchbruch erlangt, schreibt übermütig an Wegeler: »meine Kompositionen tragen mir viel ein [...]. Auch habe ich auf jede Sache 6, 7 Verleger und noch mehr, wenn ich mir's angelegen lassen sein will, man accordirt nicht mehr mit mir, ich fodere und man zahlt.« (BG1, S. 79)

Vgl. *Die Geschöpfe des Prometheus*, S. 88 f.

Das erste Wien-Jahrzehnt ist für Beethoven eine Periode der unaufhaltsamen Erfolge. Er genießt die Freiheit und ist mit seinen Leistungen, die ihm immer mehr Ruhm einbringen, zufrieden. Die künstlerische Selbstverwirklichung steht obenan, und er fühlt sich wie ein Berufener. Stolz, cäsarisch schreibt er Zmeskall: »Kraft ist die Moral der Menschen, die sich vor anderen auszeichnen, und sie ist auch die meinige« (BG1, S. 43), und etwas später heißt es geradezu euphorisch: »Manchmal möchte ich bald toll werden über meinen unverdienten Ruhm, das Glück sucht mich, und ich fürchte mich fast deswegen [...].« (Kastner / Kapp 1923, Nr. 251) Die Freunde

> »Hier und da sah man wohl noch eine gravitätische Perücke;
> aber [...] bald tritt der junge Beethoven herein, athemlos, [...]
> mit unordentlich herunterhängenden Haaren, Brust und Stirne
> frei wie Hamlet, und man verwunderte sich sehr über den Son-
> derling; aber im Ballsaal war es ihm zu eng [...], und er stürzte
> sich lieber in's Dunkle hinaus durch Dick und Dünn und schnob
> gegen die Mode und das Ceremoniell [...].«
> (Robert Schumann über Beethoven; Schumann 1871, Bd. 1,
> S. 331 f.)

finden Beethoven meist heiter, aufgeräumt und voller Tatendrang vor. Gegenüber Fremden aber bleibt er skeptisch, und
immer argwöhnt er, dass man ihn kränken will, z. B. wenn
man ihm nicht den gebührenden Platz zuweist und er wütend davonstürmt. Beethovens Arbeitstag ist so gestaltet, dass
sich seine Schöpferkraft voll entfalten kann. Er steht früh
auf, komponiert bis zum Mittag, und nach dem Essen geht
er stundenlang spazieren, wobei er die ganze Stadt umrun-
det. Am späten Nachmittag trifft er sich mit Bekannten in
einem seiner Lieblingslokale, wo er mit kritischem Blick und
Tabakspfeife die Zeitungen studiert. Die Abende verbringt er
in Gesellschaft, im Theater, oder er musiziert. Doch selbst danach drängt es ihn noch einmal zur kompositorischen Arbeit,
bis zur Erschöpfung.

Die Schwestern Brunsvik Den Höhepunkt dieser glücklichen Sturm-und-Drang-Zeit
erlebt Beethoven, als er 1799 die beiden jungen Gräfinnen
Therese und Josephine Brunsvik kennenlernt. Die Schwestern, die aus einem ungarischen Adelsgeschlecht stammen,
sind bei der Mutter zu Gast, die sie standesgemäß verheiraten
will. Zu der Familie gehört auch eine Cousine, die gerade 16-
jährige Gräfin Giulietta Guicciardi. Obwohl Beethoven schon
mehrmals verliebt gewesen ist, fällt es ihm schwer, um eine
Frau zu werben. Die erste, welche er verehrt, ist die aus Bonn
stammende Sängerin Magdalena Willmann. Im jugendlichen
Feuer macht er ihr 1795 den Heiratsantrag, den sie zurück-
weist und ihn für »halb verrückt« erklärt (zit. n. TDR2 1922,
S. 132). Jetzt aber, vier Jahre darauf, beginnt für ihn eine Zeit
euphorischen Hochgefühls. Er gibt den beiden hübschen Da-

men Klavierunterricht, darf sie auf Bälle begleiten, und besonders Josephine nimmt sein Herz gefangen. Häufig hält er sich bei den Brunsviks auf, und man lädt ihn sogar ein, sie auf ihren ungarischen Landgütern zu besuchen. Zu den Werken, die von dem heiteren, unbeschwerten Dasein dieser Zeit inspiriert sind, gehört insbesondere die Erste Sinfonie.

Die »heroische Phase« (1800-1812)

Die Jahre 1801/02 bringen Beethoven einen gewaltigen Schritt voran. Selten ist es einem Komponisten gelungen, so schnell zu Anerkennung, ja Hochachtung zu gelangen, und sein Ruhm verbreitet sich über die Landesgrenzen hinaus. Zu den Werken, die jetzt entstehen, gehören die Zweite Sinfonie und die aufwühlende Klaviersonate d-Moll op. 31 Nr. 2, deren erster Satz an Shakespeares *Sturm* erinnert. Nach dem Erfolg des Burgtheater-Konzerts will Beethoven noch mehr Konzerte geben, und nun bieten ihm auch neue Verlage die Zusammenarbeit an, darunter das Bureau des arts et d'industrie, F. A. Hoffmeister, Steiner, der Mainzer Schott-Verlag und der Leipziger Musikverlag Breitkopf & Härtel. Doch in dieser Zeit kommt es in Beethovens Leben zu einer tiefen Krise. Er

Beginn der Schwerhörigkeit

wird schwerhörig. Bereits 1796/97 nimmt er die ersten Krankheitssymptome wahr. Nun schreitet das Leiden fort, und der junge Komponist ist verzweifelt. Dem Theologen Karl Amenda, der 1798/99 zu den vertrautesten Freunden gehört, schüttet er sein Herz aus und bittet ihn, die Krankheit als »großes Geheimniß« zu bewahren. (BG1 1996, S. 86) Panisch sucht er die verschiedensten Ärzte auf, die ihm Tee und Mandelöl verschreiben, und dann konsultiert er den Pathologieprofessor Johann Adam Schmidt, der ihn beruhigt: die Taubheit sei noch nicht fortgeschritten. Beethoven fasst sich wieder. Ein Grund dafür mag die junge Giulietta Guicciardi sein, in die er sich

Beethoven, 1802

verliebt. »Diese Veränderung«, so schreibt er an Wegeler, »hat ein liebes, zauberisches Mädchen hervorgebracht, die mich liebt, und die ich liebe, es sind seit 2 Jahren wieder einige seelige Augenblicke, und es ist das erstemal, daß ich fühle, daß heirathen glücklich machen könnte […].« (BGI 1996, S. 89) Möglich, dass die 16-Jährige, die zu seinen Schülerinnen gehört, ebenfalls von ihm angetan ist – zumindest genießt sie die Affäre mit dem jungen, ungewöhnlichen Komponisten und weiß, dass sie die Macht hat, den Liebhaber zu ihrem ritterlichen Diener zu machen. Dies bezeugt unter anderem eine Zeichnung von ihr, auf der sie Beethoven als den verliebten, zu ihrem Balkon aufblickenden Romeo darstellt. Doch schon kurze Zeit später lässt sich Giulietta von dem jungen Ballettkomponisten Graf Wenzel Robert von Gallenberg umwerben, den sie 1803 heiratet und mit dem sie sich später nach Italien zurückzieht. Beethoven widmet ihr die Klaviersonate cis-Moll op. 27 Nr. 2, die berühmte *Mondscheinsonate*.

Bereits im Frühjahr des Folgejahrs, 1802, fühlt sich Beethoven wieder schlechter. Professor Schmidt empfiehlt ihm, aufs Land zu fahren, und so begibt er sich für ein paar Monate nach Heiligenstadt, einem stillen Dorf in der Nähe Wiens. Ferdinand Ries, der Sohn seines Bonner Violinlehrers, der inzwischen Klavierunterricht bei ihm nimmt, sucht ihn auf und beschreibt den verzweiflungsvollen Zustand des Komponisten: »Ich machte ihn […] auf einen Hirten aufmerksam, der auf einer Flöte […] blies. Beethoven konnte eine halbe Stunde hindurch gar nichts hören, und wurde […] außerordentlich still und finster.« (Wegeler / Ries 1972, S. 98 f.) In dieser Zeit ist das Elend offenbar so groß, dass Beethoven mit dem Gedanken spielt, sich das Leben zu nehmen. Das »Heiligenstädter Testament«, welches er für seine Brüder schreibt, zeigt die Leidenssituation, in der er sich damals befindet. In Heiligenstadt durchlebt Beethoven das Trauma der Ertaubung. Die Möglichkeit zu komponieren ist in Frage gestellt und damit die Zukunft überhaupt. Nur allmählich gelingt es ihm, den verzweiflungsvollen Zustand zu überwinden. Mit aller Kraft setzt er sich über die Krankheit hinweg, und in einem Brief an Wegeler heißt es: »ich will dem Schicksaal in den rachen grei-

Giulietta
Guicciardi

Heiligenstädter
Testament

»O ihr Menschen die ihr mich für Feindseelig störisch oder Mis-
antropisch haltet oder erkläret, wie unrecht thut ihr mir, [...]
aber bedenket nur daß seit 6 Jahren ein heilloser Zustand mich
befallen, durch unvernünftige Ärzte verschlimmert, von Jahr zu
Jahr in der Hofnung gebessert zu werden, betrogen, endlich zu
dem überblick eines daurenden Übels [...] gezwungen, mit einem feurigen Lebhaften Temperamente gebohren selbst em-
pfänglich für die Zerstreuungen der Gesellschaft, muste ich früh
mich absondern, einsam mein Leben zubringen, wollte ich auch
zuweilen mich einmal über alles das hinaussezen, o wie hart
wurde ich dur[ch] die verdoppelte traurige Erfahrung meines
schlechten Gehör's dann zurückgestoßen, und doch war's mir
noch nicht möglich den Menschen zu sagen: sprecht lauter,
schreyt, denn ich bin Taub [...]«
(Anfang des an Beethovens Brüder Kaspar Karl und Nikolaus
Johann gerichteten Heiligenstädter Testaments vom 6. und 10.
Oktober 1802; BG1 1996, S 121)

fen; ganz niederbeugen soll es mich gewiß nicht.« (BGI 1996,
S. 89) In dieser Zeit wächst die Persönlichkeit des Komponis-
ten, und sein Wesen ändert sich. Beethoven will Philosoph, ja
Stoiker werden und nimmt sich vor, fortan auf alle äußeren
Lebensansprüche zu verzichten, um nur noch der Musik zu
dienen: einer neuen, heroischen Musik.

In der Folgezeit widmet sich Beethoven wieder ganz der kompositorischen Arbeit. Seit längerem plant er, ein musikdrama-
tisches Werk in Angriff zu nehmen, und beschäftigt sich mit
der französischen »Rettungsoper«, die sich durch heroische,
von der jüngsten französischen Geschichte inspirierte Inhalte
auszeichnet. Immer wieder sucht er nach Sujets, prüft Texte für eine Vertonung, darunter *Macbeth*, *Die Rückkehr des
Odysseus* und *Die Ruinen von Babylon*. Besonders die von humanistischen Idealen durchdrungenen Opern faszinieren ihn,
z. B. Cherubinis Volksoper *Les deux journées* (deutscher Titel:
Der Wasserträger). Im Januar 1803 nimmt Beethoven den Auftrag des Theaterintendanten Emanuel Schikaneder, der den
Text zu Mozarts *Zauberflöte* schrieb, an, eine große heroische
Oper *Vestas Feuer* zu komponieren. Dann, am 5. April, gibt er

das nächste Konzert im Theater an der Wien. Auf dem Programm stehen die Zweite Sinfonie, das Dritte Klavierkonzert und das gerade fertiggestellte dramatische Oratorium *Christus am Ölberge*, in dem sich sein eigener, persönlicher Schmerz offenbart. Das Publikum ist von dem Konzert beeindruckt, und in der Presse wird die Zweite Sinfonie als »merkwürdiges, kolossales Werk, von einer Tiefe, Kraft und Kunstgelehrsamkeit wie sehr wenige« gefeiert. Daneben gibt es aber auch Kritiker, die das »Bizarre«, das unbedingte Streben nach Neuem und Auffallendem bemängeln.

Vgl. S. 109

Ende 1803 gibt Beethoven die Arbeit an *Vestas Feuer* auf, da er ein neues, interessanteres Opernlibretto entdeckt: *Léonore ou L'Amour conjugal – Leonore oder Die eheliche Liebe –*, ein Text von Jean Nicolas Bouilly, aus dem bereits Pierre Gaveaux (Uraufführung 1798 in Paris) und Ferdinando Paër (1804) eine Oper machen. Das auf einer wahren Begebenheit basierende Stück handelt von einer heldenmütigen, couragierten Frau, die ihren Gatten aus der Gefangenschaft befreit und ihm das Leben rettet. Beethoven reizt die Vorstellung, den Stoff zu vertonen, und es liegt nahe, dass sich der von Taubheit bedrohte Komponist mit dem in die Finsternis verbannten Gefangenen Florestan identifiziert. Dann, 1804, ist es so weit, und Beethoven, der den Opernauftrag vom Theater an der Wien erhält, bittet den Librettisten Joseph Sonnleithner, den Text zu übersetzen und zu bearbeiten.

Léonore

In der Zeit, als Beethoven die *Leonore* in Angriff nimmt, ist auch schon die Dritte Sinfonie, die *Eroica* (die »Heldische«), fast vollendet. Die Arbeit fällt in eine Phase, in der er sich immer mehr mit französischer Revolutionsmusik befasst, z. B. mit den Opern und Instrumentalwerken Etienne Nicolas Méhuls, die sich besonders durch ihren zündenden Rhythmus und den hymnischen Elan auszeichnen. Die *Eroica*, in der sich Beethoven zum ersten Mal in dieser Weise zu programmatischer Musik bekennt, ist von Napoleon Bonaparte inspiriert, den er wie viele Zeitgenossen als Befreier der Menschheit bewundert. Beethoven schreibt die Sinfonie aber noch aus einem anderen Grund. Verdrossen darüber, dass man ihm in Wien noch nie eine Stelle angeboten hat – z. B.

Vgl. Dritte Sinfonie, S. 75 ff., 116 ff. u. 128 ff.

die eines Hofkapellmeisters –, denkt er daran, in Paris sein Glück zu suchen, und das neue Werk, auf dessen Titelblatt die Worte »Geschrieben auf Bonaparte« stehen, soll ihm dafür den Weg ebnen. Natürlich, dies wäre ein Affront gegen die Wiener, die ihn so enthusiastisch aufgenommen haben, und zudem ist längst klargeworden, dass sich der Krieg Napoleons in einen gigantischen Eroberungsfeldzug verwandelt hat. Dass der Komponist nicht auswandert, ist vor allem der Tatsache geschuldet, dass sich sein Verhältnis zu Napoleon jäh wandelt, als dieser sich am 2. Dezember 1804 zum Kaiser krönen lässt. Wutentbrannt ändert Beethoven daraufhin den Werktitel, der nun allgemeiner lautet: *Heroische Sinfonie, komponiert, um das Andenken an einen großen Mann zu feiern.* Ferdinand Ries, der möglicherweise Zeuge des Vorgangs geworden ist, schreibt: »Ich war der erste, der ihm die Nachricht brachte, Buonaparte habe sich zum Kaiser erklärt, worauf er in Wuth gerieth und ausrief: ›Ist der auch nichts anders, wie ein gewöhnlicher Mensch! Nun wird er auch alle Menschenrechte mit Füßen treten, nur seinem Ehrgeize fröhnen; er wird sich nun höher, wie alle Andern stellen, ein Tyrann werden!‹« (Zit. n. Irmen 1998, S. 241) Doch abgesehen davon, dass Beethoven nie ganz aufhört, Napoleon zu bewundern, ist auch sein Verhältnis zum habsburgischen Staat, der immer reaktionärer wird, nicht mehr ungebrochen. Der Komponist will niemandem mehr trauen, der die Weltgeschicke leitet, und so schafft er sich mit der »Dritten«, die das Ideal des Heroischen gleichsam als solches – »per se« – besingt, den musikästhetischen Freiraum, der ihm möglicherweise schon immer vorschwebt und der fortan einen Gutteil seiner Werke bestimmt. – Die *Eroica* wird im Palais des Fürsten Lobkowitz aufgeführt, und am 7. April 1805 findet im Theater an der Wien die Uraufführung statt – leider ohne Er-

Der erste Konsul überschreitet die Alpen. **Gemälde von Jacques-Louis David, 1800**

folg. Das Publikum ist von dem neuen provozierenden Ton verstört, und die *Allgemeine musikalische Zeitung* urteilt: »Diese lange, […] äußerst schwierige Komposition ist eigentlich eine sehr weit ausgeführte kühne und wilde Phantasie.« (1805, Sp. 321)

Beethovens Wohnungen

Inzwischen ist Beethoven schon etliche Male umgezogen. Bei Lichnowsky, der ihn zu sehr vereinnahmt, hält er es gerade ein halbes Jahr aus – danach folgt ein ruheloser, nomadischer Lebensstil. Berücksichtigt man nur die Wiener Wohnungen des Komponisten, so kommt man auf etwa dreißig Adressen, die zahlreichen Sommerquartiere nicht eingerechnet. Bekannt ist auch, dass sich Beethoven ständig über seine Quartiere beschwert, und nicht selten kommt es zu Reibereien mit den Vermietern, Gastgebern oder Nachbarn. »Beethoven hatte die sonderbare Passion, oft das Logis zu wechseln, obschon das Übersiedeln mit Sack und Pack ihm höchst lästig fiel […]. Kaum im Besitz einer neuen Wohnung, mißfiel ihm schon wieder manches, und er lief sich abermals die Füße wund, um nur eine andere zu finden.« (Kerst 1923, Bd. 1, S. 85) 1804 wohnt Beethoven zusammen mit Stephan Breuning in Nähe der Alserkaserne. Nicht selten fühlt er sich unwohl, leidet wie so oft an Koliken, und der Freund pflegt ihn. Zum Dank wirft er ihm Kleinlichkeit in Mietangelegenheiten vor, und es kommt zu heftigen Auseinandersetzungen und schließlich zum Bruch. Beethoven zieht daraufhin in das Haus des Barons Pasqualati auf der Mölkerbastei nahe der Stadtmauer, wo er bis 1814 bleibt. Doch auch hier kündigt er mehrmals und haust zwischenzeitlich immer mal woanders. Zudem ist Beethoven kaum in der Lage, einen Haushalt zu führen, und nicht nur einmal klagt er über faule, unehrliche Diener, die er hinauswirft, und es kommt sogar vor, dass er der Köchin das eine oder andere missratene Gericht an den Kopf wirft.

Im Jahr 1804 komponiert Beethoven das Tripelkonzert für Klavier, Violine, Violoncello und Orchester sowie die Klaviersonate f-Moll, die berühmte *Appassionata*. Der Komponist gewinnt noch einmal neue Freunde, darunter den russischen Botschafter Graf Rasumowsky, bei dem er schon 1795 vorspielt, und der ebenfalls ein exzellentes Streichquartett unterhält. Hinzu kommt der hochprominente, damals gerade erst 16-jährige Erzherzog Rudolph – der jüngste Sohn Leopolds II. –, der bei ihm Klavierunterricht nimmt, und sich später zu seinem einflussreichsten Gönner entwickelt. Das bedeutendste persönliche Erlebnis dieser Zeit ist jedoch die wieder aufflammende Liebe zu Josephine Brunsvik. Bereits im Sommer 1799 verfügt die Mutter Josephines die Heirat mit dem 47-jährigen Grafen Joseph von Deym, der in Wien eine Kunstgalerie leitet. Beethoven, enttäuscht, verkehrt weiter im Hause Deym-Brunsvik, wo er die Konzerte mitgestaltet. Deym indes stirbt 1804, und nun verliebt er sich noch einmal in die junge Witwe, die inzwischen vier Kinder hat. Die

> »Von ihr – der einzig Geliebten – warum giebt es keine Sprache die das Ausdrücken kann was noch weit über Achtung – weit über alles ist – was wir noch nennen können – o wer kann sie aussprechen, und nicht fühlen daß so viel er auch über Sie sprechen möchte – das alles nicht Sie erreicht –– nur in Tönen [...].« (Beethoven in einem im Winter 1805 geschriebenen Brief an die Gräfin Josephine Deym; BG1 1996, S. 247)

Briefe, die er ihr schreibt, zeugen von tiefer Leidenschaft, und auch Josephine spricht von Liebe, wenngleich sie sich zurückhält und meist nur von Zuneigung, Bewunderung die Rede ist. Zudem stellt sie klar: »Ich müsste heilige Bande verletzen, gäbe ich Ihrem Verlangen Gehör [...]«. (Schmidt-Görg 1957, S. 20 f.) Beethoven akzeptiert dies: »O geliebte J., nicht der Hang zum anderen Geschlechte zieht mich zu ihnen, nein nur sie Ihr ganzes Ich mit allen ihren Eigenheiten [...] haben meine Achtung.« (BG1 1996, S. 250) Im Winter 1806/07 darf er sie nicht mehr besuchen, da sein Werben immer fordernder wird. Kurz darauf, 1808, verlässt die Gräfin Wien und heiratet den estnischen Baron Christoph von Stackelberg, einen Pädagogen, der sich offenbar als ein guter Erzieher ihrer Kinder erweist. Nach Beendigung der Beziehung schreibt Beethoven, der zum zweiten Mal gescheitert ist, die freudlosen, erschütternden Zeilen ins Tagebuch: »nur liebe – ja nur Sie vermag dir ein Glücklicheres leben zu geben – o Gott – laß mich sie – jene endlich finden – die mich in Tugend bestärkt – die mir

Josephine von
Brunsvik

Vgl. *Fidelio*,
S. 89, 99 ff.
u. 129

erlaubt mein ist –« (Leitzmann 1921, Bd. 2, S. 266)

Die Schwierigkeiten, die Beethovens Zuhörer mit seiner neuen Tonsprache haben, verhindern seine wachsende Popularität nicht. Was fehlt, ist die große Oper, an der er schon anderthalb Jahre arbeitet. Der Komponist ringt mit dem Werk, arbeitet die Szenen um und gönnt sich keine Ruhe. Dann endlich, im Frühherbst 1805, wird *Fidelio oder Die eheliche Liebe* vollendet, und Mitte November soll das Stück auf die Bühne kommen. Die Proben sind strapaziös: Die Kopie der Partitur ist so mangelhaft, dass man kaum damit arbeiten kann, das unabdingbare Kontrafagott fehlt, und der Komponist wird von heftigen Koliken geplagt. Die Uraufführung muss verschoben werden, denn es gibt Probleme mit der Zensur, und zudem dringen gerade französische Truppen in die Stadt. Dennoch findet die Premiere am 20. November statt – und wird ein Misserfolg. Der Grund: Das Publikum bildet nicht der musikinteressierte Adel, der aus Wien flieht, sondern eine stark gemischte Zuhörerschaft, darunter zahlreiche napoleonische Offiziere. Doch nicht nur wegen der politischen Umstände bleibt die Oper erfolglos: Das Werk ist zu lang, zu kompliziert, und auch die Sänger sind zu blass und die Chorstimmen schlecht einstudiert. Die Freunde Beethovens regen daraufhin zur Umarbeitung an, damit das Stück neu inszeniert werden kann. Nur vier Monate später, am 29. März 1806, präsentiert Beethoven die Zweitfassung des Werks, dessen Textbearbeitung Stephan von Breuning besorgt. Der große Erfolg stellt sich auch diesmal nicht ein. Dazu kommt, dass Beethoven mit dem Theaterdirektor von Braun in Streit gerät, der dem Komponisten den dürftigen Zuschauerbesuch nach der zweiten Veranstaltung vorhält, worauf dieser die Partitur zurückfordert und den *Fidelio* zurückzieht.

Die folgenden Jahre stehen im Zeichen einer kaum zu überbietenden Produktivität. In dieser Zeit entstehen die Vierte, die Fünfte und die Sechste Sinfonie, das Vierte und Fünfte Klavierkonzert sowie das Violinkonzert. Beethoven emanzipiert sich zum Teil von seinen adligen Förderern und übernimmt die Rolle des modernen Unternehmers, der öffentliche Konzerte veranstaltet und die Verträge mit den Verlegern aushandelt. Der Komponist publiziert vor allem bei Artaria, und auch mit dem Bonner Verlag Simrock, der die berühmte *Kreutzer-Sonate* op. 47 druckt, entsteht eine engere Zusammenarbeit. Nicht selten zahlen die Verlagshäuser lukrative Honorare wie Muzio Clementi, der Besitzer eines namhaften englischen Unternehmens. Beethoven versteht es, seine Wünsche durchzusetzen, und dies nicht immer mit lauteren Mitteln, wenn er beispielsweise das Streichquintett C-Dur op. 29 gleich an zwei verschiedene Verlage zum Druck vergibt. Bei alldem lässt sein Selbstbewusstsein nicht zu wünschen übrig. 1801 fordert er von dem berühmten Leipziger Musikverlag Breitkopf & Härtel einen Exklusivvertrag, der ihn von allen finanziellen Sorgen befreien soll, und schreibt: »Ich glaube, Goethe macht es so mit Cotta, und wenn ich nicht irre, hatte Händels Londoner Verleger eine ähnliche Übereinkunft mit ihm.« (Zit. n. TDR2 1922, S. 142) Als sich der Verleger weigert, lässt er durch Lobkowitz nur ausrichten: »Mit Menschen, die keinen Glauben und kein Vertrauen zu mir haben […], kann ich keinen Umgang haben.« (Ebd. S. 143) Neben den Verlagen, die Beethovens Werke honorieren, sind es aber auch die privaten Auftraggeber, etwa musikliebende Adlige, die seine Stücke aufführen oder sich nur in einer Werkwidmung des musikalischen Genies gefallen.

Da Beethovens Erfolg als Opernkomponist auf sich warten lässt, konzentriert er sich wieder ganz auf die Instrumentalmusik. Er schreibt die berühmten *Rasumowsky-Quartette* op. 59, in denen schon der neue, sinfonisch geweitete Kammermusikstil anklingt, und bei denen es sich um Werke handelt, die sich gut für den großen Konzertsaal eignen. Möglich, dass die Stücke im Hause Rasumowskys, der hervorragende Kammermusikspieler wie Schuppanzigh engagiert, geprobt werden, wo Beethoven, wie es heißt, »Hahn im Korbe« ist: »Alles was er componirte, wurde dort brühwarm aus der Pfanne durch-

Vgl. Klavier-
konzerte, S. 91 ff.

Vgl. *Kreutzer-
Sonate*, S. 104
u. 123

Vgl. *Rasu-
mowsky-Quar-
tette*, S. 104

probirt und nach eigener Angabe haarscharf, genau, wie er
es ebenso wollte, ausgeführt.« (Schindler/Volbach 1927, Teil
1, S. 39) Die Quartette werden bei Rasumowsky aufgeführt.
Das Publikum aber reagiert zum Teil mit Ablehnung, und als
die Stücke gar ins englische Manchester gelangen, bezeichnet
man sie dort als »Flickwerk eines Wahnsinnigen« (zit. n. TDR2
1922, S. 537).

Den Sommer und Herbst 1806 verbringt Beethoven auf dem
Schloss Lichnowskys bei Grätz, in der Nähe des schlesischen
Troppau. Man besucht den Grafen Franz von Oppersdorff,
der ein Privatorchester unterhält und die Vierte und Fünfte
Sinfonie in Auftrag gibt. Beethoven steht auf dem Höhepunkt
seines Selbstbewusstseins. Seinem Gönner Lichnowsky schlägt
er die Bitte aus, vor seinen Gästen – französischen Offizieren
– zu spielen, was zu einer furchtbaren Auseinandersetzung
führt: Beethoven hat »den Stuhl schon aufgehoben, um ihn
auf des Fürsten Kopf […] zu zerbrechen, nachdem der Fürst
die Zimmerthür, die er nicht aufmachen wollte, zertreten hatte« (zit. n. Ley 1927, S. 252 f.), und nur Oppersdorff gelingt es,
das Schlimmste zu verhindern. Beethoven verlässt daraufhin
das Schloss und kehrt nach Wien zurück, wo er die Büste seines Mäzens zu Boden schleudert. Von da an ändert sich die
Beziehung: Der Fürst besucht ihn nur noch selten und beob-
achtet ihn stillschweigend bei der Arbeit, bis er sich wortlos,
nur mit einem kurzen »Adieu«, entfernt. Dazu kommt, dass
auch die Zeiten der Unterstützung vorüber sind: Der Fürst
kündigt die Rente, da er selbst finanzielle Schwierigkeiten
hat, und so wird Beethoven zum ersten Mal mit materiellen
Problemen konfrontiert. Dies ist wohl auch der Hauptgrund
dafür, dass er sich Anfang 1807 um eine Stelle am kaiserlich-
königlichen Hoftheater bemüht und anbietet, jährlich eine
Oper sowie andere Werke zu komponieren. Doch obwohl er
droht, Wien zu verlassen, wenn man ihm die Position nicht
garantiere, wird die Bewerbung abgelehnt, und selbst die Bitte um ein neues Konzert findet kein Gehör.

Vgl. Violinkon-
zert, S. 97 f. Im Spätherbst 1806 komponiert Beethoven sein berühmtes
Violinkonzert. Das bedeutendste Werk dieser künstlerischen
Hoch-Zeit ist allerdings die 1808 vollendete Fünfte Sinfonie,

die ihn auf den Gipfel seiner »heroischen Periode« führt. Die programmatische Idee dieses ganz vom Kämpferischen, Pathetischen durchdrungenen Opus lautet »Durch Nacht zum Licht«, und in kaum einer anderen Schöpfung ist die lapidare, gestische Tonsprache so deutlich wahrzunehmen wie hier. Von ganz anderem Charakter ist dagegen die lyrische, naturverbundene Sechste Sinfonie – *Sinfonia pastorale* –, die Beethoven im Sommer 1808 in Heiligenstadt bei Wien vollendet. Hier, in einem kleinen einstöckigen Landhaus, wohnt er zusammen mit dem jungen Dichter Franz Grillparzer und dessen Familie. Kurz nach Sonnenaufgang steht er schon auf, und dann begibt er sich zum Komponieren in Richtung des Kahlenbergs, der zu seinen beliebtesten Wanderzielen gehört. Die Natur bietet ihm pure Seelenerquickung: Die Beschwernisse des Daseins sind vergessen, und der für ihn so typische immerwährende Gefühlsstau löst sich. An Therese Malfatti, die Tochter des mit ihm befreundeten Großhändlers Jacob Friedrich Malfatti, schreibt er: »kein Mensch kann das Land so lieben wie ich – geben doch Wälder, Bäume, Felsen den Widerhall, den der Mensch wünscht (BG2 1996, S. 122)«.

Noch im selben Jahr, am 22. Dezember 1808, findet im Theater an der Wien ein Konzert statt, das wohl zu den denkwürdigsten gehört, das Beethoven je gegeben hat. Der Komponist stellt alle Werke der letzten Jahre mit einem Male vor: die Fünfte und die Sechste Sinfonie, das Vierte Klavierkonzert, Stücke aus der 1807 entstehenden Messe C-Dur sowie die *Chorfantasie*, die gerade erst in fieberhafter Eile fertiggestellt wird. Beethoven, der den Ehrgeiz hat, viel mitzugestalten, tritt dabei nicht nur als Dirigent, sondern auch zweimal als Solist auf. Der Erfolg des mit Spannung erwarteten Konzerts ist gemischt, und es gibt zahlreiche Pannen. Die besten Musiker Wiens spielen zur selben Zeit in einem Adventskonzert, die Proben sind zu kurz, und der Komponist zerstreitet sich mit den Interpreten. Zu allem Unglück ist auch die Sopranistin, die die Arie *Ah! perfido* singt, eine Fehlbesetzung, und die *Chorfantasie*, die schlecht studiert ist, muss nach einem Patzer des Klarinettisten neu begonnen werden. Ferdinand Ries, der das Konzert miterlebt, schreibt: »Beethoven sprang wütend

Vgl. Fünfte Sinfonie, S. 77 ff., 117 u. 124

Vgl. Sechste Sinfonie, S. 79 ff.

Vgl. *Chorfantasie*, S. 112

> »Da haben wir denn auch in der bittersten Kälte von halb sieben bis halb elf ausgehalten und die Erfahrung bewährt gefunden, daß man auch des Guten – mehr noch, des Starken – leicht zuviel haben kann. [...] Sänger und Orchester waren aus sehr heterogenen Teilen zusammengesetzt, und es war nicht einmal von allen aufzuführenden Stücken, die alle voll der größten Schwierigkeiten waren, eine ganz vollständige Probe zu veranstalten möglich geworden.«
>
> (Kommentar des Komponisten und Musikschriftstellers Johann Friedrich Reichhardt zum Konzert am 22. Dezember 1808; zit. n. Reichhardt 1976, S. 276)

auf, drehte sich um und schimpfte auf die gröbste Art über die Orchestermitglieder und zwar so laut, daß das ganze Auditorium es hörte. Endlich schrie er: ›Von Anfang!‹ Das Thema begann wieder, alle fielen richtig ein, und der Erfolg war glänzend. Als aber das Concert vorbei war, erinnerten sich die Künstler nur zu wohl der Ehrentitel, welche Beethoven ihnen öffentlich gegeben, und [...] sie schwuren, nie mehr spielen zu wollen, wenn Beethoven im Orchester wäre.« (Zit. n. Irmen 1998, S. 310)

Im Oktober 1808 ist Beethovens Verdruss, dass er in Wien keine Stellung findet, so groß, dass er der Stadt den Rücken kehren will. Die Gelegenheit ist günstig, denn Jérôme Bonaparte, ein Bruder Napoleons und König von Westfalen, bietet ihm den hochdotierten Posten eines Hofkapellmeisters in Kassel an. Bereits am 7. Januar 1809 sagt Beethoven zu. Doch kurz darauf entscheidet er sich anders und nutzt das Angebot als Druckmittel, um in Wien eine dauernde Unterstützung zu erwirken. Daraufhin entschließen sich der Erzherzog Rudolph, Fürst Lobkowitz und Fürst Kinsky, mit Beethoven einen Vertrag auszuhandeln, der ihm eine jährliche, auf Lebenszeit ausgesetzte Leibrente von 4000 Gulden garantiert. Mit dieser Vereinbarung, die ihn zu nichts Weiterem verpflichtet, als in der Donaustadt zu bleiben, hat er den höchsten Grad an materieller Sicherheit erreicht, und selbst später, als die Stifter hohe finanzielle Verluste erleiden, bekommt er immer noch so viel, dass er davon existieren kann.

Obwohl Beethoven nun zufrieden sein kann, erfüllt sich sein Wunsch nach Ruhe und Geborgenheit nicht. Am 9. April 1809 kommt es zwischen Österreich und Frankreich zum Krieg, und schon im Juli müssen sich die österreichischen Truppen ergeben. Wer in der Lage ist, zu entkommen – der Kaiser, der Adel, Lichnowsky, Kinsky und Lobkowitz – , flieht aufs Land. In der Nacht auf den 12. Mai wird Wien von französischen Haubitzen beschossen. Beethoven, der ratlos ist, findet Unterschlupf im Hause Kaspar Karls, der dort mit seiner Frau und dem zweijährigen Sohn wohnt. Man sagt, dass sich Beethoven während des Angriffs den Kopf mit Kissen bedeckt habe, um den Lärm nicht zu hören. Auch Haydns Tod – der einstige Mentor stirbt am 31. Mai inmitten des Kanonendonners – und das Ableben seines langjährigen Arztes Johann Schmidt gehen ihm nahe und verstärken seine düstere Stimmung. In einem Brief an Breitkopf & Härtel schreibt er: »wir haben in diesem Zeitraum ein recht zusammengedrängtes Elend erlebt […], meine kaum kurz geschafene existenz beruht auf einem Lockern Grund […]. Welch zerstörendes wüstes Leben um mich her, nichts als trommeln, Kanonen, Menschen Elend in aller Art.« (BG2 1996, S. 71) Besonders unerträglich ist ihm der Zustand des Eingesperrtseins, und so soll er vom Tisch eines Kaffeehauses die Faust gegen einen französischen Offizier geballt und diesem hinterhergedroht haben: »Wenn ich als

Französische
Besetzung

Mai 1809: Die
Franzosen be-
schießen Wien

General von der Strategie verstünde, was ich als Komponist
vom Kontrapunkt verstehe, dann wollte ich euch schon zu

Erzherzog
Rudolph

schaffen geben!« (Zit. n. TDR3 1923, S. 141) In dieser Zeit, die
Beethoven allein und ohne Inspiration verbringt, beschäftigt
er sich mit den Unterrichtsvorbereitungen für den 21-jähri-
gen Erzherzog Rudolph. Die Beziehung zwischen den beiden
ist nicht nur freundschaftlich, sondern geradezu herzlich und
auf beiden Seiten von hohem Respekt geprägt. Rudolph, der
die kirchliche Laufbahn einschlägt, ist ein hervorragender
Pianist und nimmt Kompositionsunterricht bei Beethoven.
Die fast kindliche Verehrung, die dieser dem Jüngeren ent-
gegenbringt, ist rührend, und es gibt niemanden, dem er eine
größere Anzahl von Werken widmet als ihm. Zu den Stücken,
die er ihm zueignet, gehört unter anderem die Klaviersonate
Es-Dur op. 81a, *Les adieux*, *Das Lebewohl*, die den schmerzli-
chen Abschied von dem Freund, der ebenfalls aus Wien flieht,
darstellt und schließlich die Wiedersehensfreude. Zudem
vollendet er das nunmehr Fünfte Klavierkonzert und die Mu-

Vgl. *Egmont-
Ouvertüre*, S. 90

sik zu Goethes Trauerspiel *Egmont*, das noch einmal die Hoffnung auf Befreiung von der napoleonischen Fremdherrschaft
thematisiert.

Der Erfolg und die Existenz sichernde Leibrente Beethovens
dürfen nicht darüber hinwegtäuschen, dass sich die »heroische Phase« nun ihrem Ende zuneigt. Dies betrifft nicht nur
die kompositorische Arbeit, sondern auch das schlechte Befinden des Komponisten, mit dem er auf die gegenwärtige po-
litische und persönliche Misere reagiert. Beethoven wechselt
wie immer die Wohnungen, und nach wie vor gibt es Zank
und Streit. Auch die Taubheit schreitet fort, und damit die
Behinderung der Kommunikation. Am meisten aber beschäftigt ihn das fatale, hartnäckige Ausbleiben des persönlichen
Liebesglücks, ein Gram, der tief in seinem Innern festsitzt.
In dieser Situation fasst Beethoven den Entschluss, sich noch
einmal zielgerichtet nach einer Frau umzusehen. Anfang 1810
bemüht er sich, den Kontakt zu Jacob Friedrich Malfatti zu
intensivieren, da ihm dessen Tochter Therese gefällt. Nicht
lange darauf beauftragt er Wegeler, ihm die Abschrift des
Taufscheins aus Bonn zu schicken, bittet den Baron Ignaz

von Gleichenstein, einen Freund, ihm Leinwand für ein paar Hemden und Halstücher zu beschaffen, und macht Therese den Antrag. Doch die 19-Jährige fühlt sich nicht zu ihm hingezogen, und es liegt nahe, dass der Enddreißiger kaum mehr der angemessene Kandidat ist. Betreten bemüht sich Beethoven daraufhin, die Angelegenheit diskret, freundschaftlich zu beenden, und schreibt: »Leben Sie wohl verehrte T., ich wünsche ihnen alles, was im Leben gut und schön ist, Erinnern sie sich meiner und gern – vergeßen sie das Tolle [...].« (BG2 1996, S. 123)

Da sich Beethoven in einem schlechten gesundheitlichen Zustand befindet, verordnet ihm der Arzt Dr. Johann Malfatti im Sommer 1811 eine Kur ins böhmische Teplitz (heute Teplice). Die Reise beginnt im August. Mit von der Partie ist der junge kaufmännische Angestellte Franz Oliva, der den Komponisten umsorgt und sich um dessen Verlagsgeschäfte kümmert. In Teplitz schreibt Beethoven die Schauspielmusik zu August von Kotzebues Bühnenstücken *Die Ruinen von Athen* und *König Stephan*, die für die Einweihungsfeier des neuen Theaters in Pest (das später mit Buda und Óbuda zu Budapest wird) bestimmt sind. Die Kur schlägt an, und so fährt er im Sommer des darauf folgenden Jahres noch einmal in den mondänen Badeort. In dieser Zeit kommt es zu dem legendären, von Bettina Brentano arrangierten Treffen mit Goethe. Beethoven verehrt den Dichter, für den er die Schauspielmusik zu *Egmont* komponiert und dessen Gedichte *Mailied*, *Mignon* und *Neue Liebe, neues Leben* er in Töne setzt. Auch der *Faust* interessiert ihn, und er denkt sogar über eine Vertonung nach. Als sich die beiden Künstlergrößen aber gegenüberstehen, wird schnell klar, dass sie von ganz unterschiedlicher Natur sind. Der 62-jährige Goethe, der im Zenit seiner geistigen Kraft steht, liest der jungen Kaiserin Maria Ludovika seine Werke vor. Er besucht

Teplitz und Goethe

Beethoven und Goethe in Teplitz. Lithographie von Carl Röhling, ca. 1887

Beethoven in seiner primitiven, unaufgeräumten Wohnung und schreibt fasziniert an Christiane: »Zusammengefaßter, energischer, inniger habe ich noch keinen Künstler gesehen.« (Zit. n. Paumgartner 1968, S. 98) Beethoven und Goethe verkehren fast täglich miteinander. Ihre Mentalität aber trennt sie: Für Goethe, der sich distanziert, aristokratisch gibt, ist die Wesensart des Jüngeren zu grob, zu ungezähmt. Beethoven äußert sich ebenfalls enttäuscht und schreibt an Breitkopf & Härtel: »Göthe behagt die Hofluft zu sehr, mehr als es einem Dichter ziemt, es ist nicht vielmehr über die lächerlichkeiten der Virtuosen hier zu reden, wenn Dichter, die als die ersten Lehrer der Nation angesehn seyn sollten, über diesem schimmer alles andere vergessen können –« (BG2 1996, S. 287) Dass sich die beiden Persönlichkeiten nicht näherkommen, liegt sicherlich auch daran, dass Goethe die Kunst der Vertonung eher suspekt ist, da sie den geistigen Gehalt eines literarischen Werkes in den Hintergrund drängen könnte.

Die »heroische Phase« Beethovens endet trivial: Der Komponist fährt im Anschluss an die Kur zu seinem Bruder Johann nach Linz, der dort inzwischen eine Apotheke besitzt, die ihm in den Kriegsjahren Geld und Wohlstand bringt. Der Grund des Besuchs: Johann hat eine Geliebte, Therese, die Beethoven nicht akzeptiert, und nun fordert er den Jüngeren auf, die lose, »unmoralische« Beziehung zu beenden. Natürlich ist Johann aufgebracht, und es kommt zu handfesten Auseinandersetzungen. Beethoven ruft daraufhin die Obrigkeit zu Hilfe, bis seine Forderungen Gehör finden und Therese der Stadt verwiesen wird. Da aber zaudert der Bruder nicht länger und heiratet das Mädchen. Verdrossen, aufgerieben fährt Beethoven wieder nach Wien zurück, wo er in einen verstörten, krankheitsähnlichen Zustand verfällt.

Exkurs: Beethoven und die »Unsterbliche Geliebte«

Dass Beethoven den frisch verheirateten Bruder so misslaunig verlässt, hängt auch mit seinen eigenen erfolglosen Bemühungen zusammen, eine Frau zu finden. Die Bilanz ist deprimierend. Sieht man von Josephine ab, deren Zuneigung nicht anzuzweifeln ist, sind die übrigen Affären wohl nie mehr als eine bloße Tändelei gewesen. Und was noch bedrückender ist: In den meisten Fällen kommt es zu einer Ablehnung, oder die Furcht, abgewiesen zu werden, lässt ihn sich zurückziehen. Die Erfahrungen müssen auf Beethoven und sein Selbstbewusstsein niederschmetternd gewirkt haben. Dennoch gibt es einen Brief, der auf eine nicht namentlich genannte Frau hinweist, die ihn tief, ja rückhaltlos geliebt haben muss und die mit ihm sogar ein gemeinsames Leben führen wollte. Bei dem Dokument handelt es sich um einen Liebesbrief des Komponisten, in dem dieser geradezu erschüttert auf das freimütige Geständnis dieser Betreffenden reagiert – ein Schriftstück, das erst nach seinem Tode auftaucht und später veröffentlicht wird.

> »Am 6ten Juli Morgens.
> Mein Engel, mein Alles, mein Ich. – nur einige Worte heute, und zwar mit Bleystift (mit deinem) [...]. Kann unsre Liebe anders bestehn als durch Aufopferungen, durch nicht alles Verlangen, Kannst du es ändern, daß du nicht ganz mein, ich nicht ganz dein bin – Ach Gott blick in die schöne Natur und beruhige dein Gemüth über das müßende – die Liebe fordert alles und ganz mit Recht, so ist es mir mit dir, dir mit mir – nur vergißt du so leicht, daß ich für mich und für dich leben muß, wären wir ganz vereinigt, du würdest dies schmerzliche eben so wenig als ich empfinden [...].«
> (Aus Beethovens Brief an die »Unsterbliche Geliebte« vom 6./7. Juli 1812; BG2 1996, S. 68)

Giulietta Guicciardi (1784-1856)

Der Brief, den Beethoven möglicherweise nie abschickt, wird am 6. und 7. Juli 1812 in Teplitz geschrieben und führt zu immer wieder neuen Vermutungen über die Identität der »Unsterblichen Geliebten«. Bis in die 1970er Jahre ging die neuere Musikforschung davon aus, dass es sich bei der Brief-Adressatin um die schon erwähnte Josephine Brunsvik handelt. Besonders die an Josephine gerichteten Liebesbriefe belegen die immerhin eine Zeitlang dauernde Beziehung. Harry Goldschmidt und Marie-Elisabeth Tellenbach, zwei Musikforscher, die sich um die

Therese Malfatti
(1792-1851)

Lösung des Rätsels verdient gemacht haben, sind der Meinung, dass die Liebe zwischen Beethoven und Josephine, deren zweite Ehe scheitert, innerlich fortbesteht und 1811/12 noch ein zweites Mal neu aufflammt. Hierauf deuten nicht nur Josephines Tagebücher, sondern auch die Briefe und Aufzeichnungen ihrer Schwester Therese hin. Darüber hinaus stellt man fest, dass die Worte und der Gedankeninhalt des Schreibens an die »Unsterbliche Geliebte« an die Liebesbriefe an Josephine erinnern, was die Vermutungen über deren Identität nur bestätigt.

Doch obwohl die Theorie Goldschmidts und Tellenbachs, die bis Mitte der 1970er Jahre favorisiert wird, so plausibel scheint, ist sie nun wieder heftig umstritten. Denn zur selben Zeit, etwa 1977, stellt der amerikanische Beethoven-Forscher Maynard Solomon die Theorie auf, dass nicht Josephine Brunsvik, sondern eine andere junge Adlige, Antonie Brentano, die Beethoven 1810 in Wien kennenlernt, die »Unsterbliche Geliebte« gewesen sei. Die Methodik Solomons, der versucht, der Wahrheit nicht nur mittels Briefen, sondern auch mit Hilfe einer akribischen Fakten-Rekonstruktion auf die Spur zu kommen (vgl. Loesch/Raab 2008, S. 800), unterscheidet sich dabei von der Goldschmidts und Tellenbachs, die sich mehr auf psychologische Textquellen-Ausdeutung orientiert.

Um sich ein Bild von Antonie, der Schwägerin Bettina Brentanos, jener großen Frauenpersönlichkeit des 19. Jahrhunderts, zu machen, muss man sich noch einmal in die Jahre 1809/10 zurückversetzen. Beethoven lernt damals die 25-jährige Bettina kennen, eine Frau, die vielseitige geistige Interessen pflegt und die mit unbändiger Leidenschaft Künstler verehrt. Zusammen mit Antonie sucht sie Beethoven auf, und es entwickelt sich eine herzliche Freundschaft. Kurz darauf zieht Bettina nach Berlin, wo sie der Dichter Achim von Arnim heiratet. Beethoven, der sich mit Antonie und deren Gatten, einem sympathischen Kaufmann und Halbbruder Bettinas, anfreundet, kommt nun des Öfteren in das Brentano'sche Haus, spielt dort vor und wirkt in Kammermusik-Veranstaltungen mit. Die Brentanos sind seit zwölf Jahren in Frankfurt verheiratet, doch das Ehepaar hält sich in Wien auf, da Antonie ihren sterbenden Vater pflegen muss. Franz, ihr Gemahl, liebt sie, aber in ihren Briefen klingt an, dass sie diese Gefühle nie recht zu erwidern vermag. Zudem ist Franz schon in die Heimat zurückgekehrt, und sie fühlt sich einsam. Nach dem Tod des Vaters ist sie selbst häufig krank, und auch die Kuren, die man verschreibt, bringen kaum Linderung. Immer mehr zieht sie sich zurück, und nur Beethoven darf sie besuchen und ihr vorspielen. Solomon ist der Meinung, dass sich die Liebe zwischen Beethoven und Antonie im ersten Halbjahr 1812 entwickelt hat und dass Beethoven am 28. (oder 29.) Juni nach Prag fährt, um sich dort mit den Brentanos zu treffen. Kurz darauf, so nimmt der Musikforscher an, schreibt er von Teplitz den Brief nach »K« (das wahrscheinlich Karlsbad heißt), aus dem unmissverständlich hervorgeht, dass Antonie ihn liebt und dass sie offenbar bereit ist, ihr Leben mit ihm zu teilen.

Antonie Brentano mit ihren Kindern Georg und Fanny

Der Brief an die »Unsterbliche Geliebte«, der in der Beethoven-Forschung von jeher eine große Rolle spielt, gehört zu den bedeutendsten Dokumenten des Komponisten. Beethoven, der sich in Teplitz aufhält und erschüttert, ja verwirrt ist, bekräftigt im ersten Teil des Briefes noch einmal seine Liebe. Im zweiten Teil kommt zum Ausdruck, dass die Verlockung, sich mit der Geliebten zu verbinden, die Überhand gewinnt: »Ach, wo ich bin, bist du mit mir [...], mache daß ich mit dir Leben kann [...]«. Erst der am nächsten Tag entstehende Schluss demonstriert, dass er außerstande ist, sich zu entscheiden, und den Ausweg in der Flucht sucht: »ich habe beschlossen in der Ferne so lange herum zu irren, bis ich in deine Arme fliegen kann [...].« (BG2 1996, S. 268)

Die ersten Julitage 1812 gehören offenbar zu den dramatischsten in Beethovens Leben. Doch die letztendliche Flucht macht auch deutlich, dass er befürchtet, durch die Ehe seine künstlerische Kreativität zu verlieren. Schindler gegenüber erklärt er später: »Wenn ich hätte meine Lebenskraft mit dem Leben so hingeben wollen, was wäre für das edle, bessere geblieben?« (Schünemann 1941-43, Bd. 2, S. 365) Das Angebot der Geliebten bringt Beethoven in Konflikt mit seinem Unvermögen, sich zu binden, und er ahnt, dass ihm die Rolle eines Ehemanns und Familienoberhaupts fremd, ja geradezu unvorstellbar ist.

Nach den Ermittlungen Solomons verbringt Beethoven die Zeit vom 26. Juli bis zum 7. August zusammen mit den Brentanos in Karlsbad, wo sie in derselben Unterkunft »Zum Aug' Gottes« wohnen, danach reisen sie gemeinsam nach Franzensbad weiter. Was in dieser Zeit geschieht, wird wohl ein Rätsel bleiben, und nur die Briefe, die er schreibt, künden von der damaligen Gehobenheit und Schaffenslust des Komponisten. Zu den Werken, an denen er in dieser Zeit arbeitet, gehört **Achte Sinfonie** unter anderem die Achte Sinfonie. – Beethovens Kontakt zu den Brentanos bleibt auch nach Karlsbad erhalten: Der Komponist schreibt ihnen und Franz leiht ihm Geld; 1823 widmet er Antonie die *Diabelli-Variationen* op. 120.

Obwohl die Musikforschung nun eher zu der Annahme neigt, dass der Brief an die »Unsterbliche Geliebte« für Antonie Brentano bestimmt ist, steht die Lösung des Rätsels immer noch aus.

Die Krise (1812-1818)

Nach der Achten Sinfonie, die Beethoven im Oktober 1812 vollendet, fällt er in eine tiefe Krise. Was in diesem Sommer auch geschieht – fest steht, dass sich das Lebensgefühl des Komponisten deutlich verschlechtert. Der Mangel an geglückten Liebesbeziehungen und die Einsicht, zu einer Bindung nicht fähig zu sein, führt ihn zu der Erkenntnis, dass er die Einsamkeit wohl akzeptieren muss. In einem Tagebucheintrag von 1812 heißt es: »Du darfst nicht Mensch seyn, für dich nicht, nur für andre; für dich gibt's kein Glück mehr als in dir selbst, in deiner Kunst. O Gott! gib mir Kraft, mich zu besiegen, mich darf ja nichts ans Leben fesseln.« (Leitzmann 1921, Bd. 2, S. 242) Der psychische Kräfteverschleiß führt Beethoven dazu, dass er wochen-, vermutlich sogar monatelang krank ist. Im Frühjahr / Sommer 1813 ist er so verzweifelt, dass er offenbar versucht, sich das Leben zu nehmen. Schindler berichtet, dass er die Gräfin Anna Maria Erdödy, eine gute Freundin, die ihm in schweren Situationen zur Seite steht, in ihrem Landhaus in Jedlesee (nahe Wien) aufsucht. Plötzlich verschwindet er, und erst nach einigen Tagen findet man ihn in einem entlegenen Teil des großen Gartens wieder. Möglich, dass er sich dort zu Tode hungern will – eine Begebenheit, über die man lange Zeit Stillschweigen wahrt. In dieser Zeit beginnt Beethoven, sich für Dirnen zu interessieren. An Zmeskall, der Prostituierte kennt und möglicherweise vermittelt, schreibt er: »Ja! mich auch dazu, sey's auch in der Nacht […].« (BG3 1996, S. 212) Dagegen heißt es in seinem Tagebuch: »Sinnlicher Genuß ohne Vereinigung der Seelen ist und bleibt viehisch.« (Leitzmann 1921, Bd. 2, S. 261)

Selbstmord-versuch

Ludwig van Beethoven (1814). Stich von Blasius Höfel nach L. Letronne

Im Sommer 1813 fährt Beethoven nach Baden. Den Freunden, darunter der Klavierbauer Johann Streicher und seine Frau Nanette, fällt auf, dass er verstört ist und seine elegante, kavaliersmäßige Kleidung vernachlässigt. Der Maler Blasius Höfel gibt an, dass er ihn oft im Wirtshaus gesehen habe, »in einer entfernten Ecke an einem Tisch sitzen, welcher […] von den übrigen Gästen gemieden wurde. […] Nicht selten ging er weg, ohne die Rechnung zu bezahlen, oder mit der Bemerkung, daß sein Bruder sie in Ordnung bringen werde […].« Doch in Wien spielt man seine Werke immer häufiger. Dies ist wohl auch der Grund, weshalb ihn der damals genialste Erfinder und Konstrukteur mechanischer Musikinstrumente, Johann Nepomuk Mälzel, aufsucht und ihm vorschlägt, ein Stück auf den Sieg Wellingtons über die napoleonischen

Truppen in der Schlacht bei Vittoria zu komponieren. Die Idee gibt Beethoven neuen Mut, denn man befindet sich in der Zeit des großen Aufbruchs. Immer häufiger wird Napoleon besiegt, zuletzt in der großen Völkerschlacht bei Leipzig, wo er am 18. Oktober 1813 die bis dahin größte Niederlage erfährt. Bereits am 8. Dezember geben Beethoven und Mälzel ein Wohltätigkeitskonzert, bei dem *Wellingtons Sieg oder Die Schlacht bei Vittoria* und die Siebente Sinfonie uraufgeführt werden. Der Komponist, der auf diese Weise vaterländische Gefühle weckt, wird gefeiert wie noch nie, und die *Wiener Zeitung* vom 30. Dezember 1813 schreibt: »Der Beyfall, den Beethovens kraftvolle Komposizionen, von ihm selbst dirigiert, fanden, stieg bis zur Entzückung.« (Zit. n. TDR3 1923, S. 393) In dieser Zeit soll auch der *Fidelio*, der sich bis dahin nie durchzusetzen vermochte, noch einmal am Kärntnertor-Theater inszeniert werden. Der Komponist nutzt die Gelegenheit für eine erneute Überarbeitung und bittet den mit ihm befreundeten Bühnenschriftsteller Georg Friedrich Treitschke, die Textbearbeitung zu übernehmen. Die Aufführung der neuesten *Fidelio*-Fassung am 23. Mai 1814 gehört zu Beethovens wenigen glücklichen Erlebnissen dieser Zeit, denn nun ist er mit dem Werk zufrieden. Kurz nach dem Erhalt des Textes dankt er dem Verfasser: »Mit großem Vergnügen habe ich Ihre Verbesserungen der Oper gelesen, und es bestimmt mich mehr die verödeten Ruinen eines alten Schlosses wieder aufzubauen.« (BG3 1996, S. 18) Der Komponist, mittlerweile im hohen Grade schwerhörig, dirigiert die Vorstellung selbst, und nur dem Kapellmeister Michael Umlauf, der hinter ihm steht, ist der glimpfliche Ausgang dieser Veranstaltung zu verdanken.

Nach dem Sturz Napoleons beginnt im September 1814 der Wiener Kongress, bei dem die europäischen Herrscher zusammentreten, um die früheren feudalabsolutistischen Verhältnisse wiederherzustellen. Die Fortschrittlichen unter den Österreichern trifft es dabei besonders hart: Zuerst setzten sie auf Joseph II., dann auf Napoleon, schließlich auf die Befreiung von ihm und zuletzt auf die liberale, demokratische Gesellschaftsordnung. Doch während die Politiker

Vgl. Siebente Sinfonie, S. 81 ff.

Neufassung des *Fidelio*

Wiener Kongress

Europas Zukunft verbauen, finden in Wien zahlreiche kulturelle Veranstaltungen statt. Nicht nur die Wiener, auch die ausländischen Gäste feiern das Ende der napoleonischen Fremdherrschaft mit Banketten, Bällen, Opern- und Theateraufführungen. Auch Beethoven gehört zu den Künstlern, die zu dem Spektakel etwas beisteuern sollen. Der Erzherzog Rudolph stellt ihn den Monarchen vor, die ihm Geschenke machen. Den Höhepunkt von Beethovens Popularität bildet eine Veranstaltung am 29. November 1814 im Wiener Redoutensaal, in dem die Kantate *Der glorreiche Augenblick* – eine hymnische Vision von der Brüderlichkeit aller Menschen – und noch einmal *Wellingtons Sieg* sowie die Siebente Sinfonie aufgeführt werden. Das Konzert, das mit einem noch nie dagewesenen Jubel aufgenommen wird, findet vor hochrangigen Kongressteilnehmern statt, unter ihnen König Friedrich Wilhelm III. von Preußen.

Der Ruhm Beethovens hält nicht an, denn bereits gegen Jahresende steht anderes auf dem Programm: die Opern Rossinis, die einen wahren Begeisterungstaumel auslösen, und die hochvirtuose Musik des italienischen »Hexengeigers« Niccolò Paganini. Beethoven schreibt an den Komponisten Johann N. Kanka: »[…] alles ist Wahn, Freundschaft, Königreich, Kaisertum, alles nur Nebel, den jeder Windhauch vertreibt […].« (BG3 1996, S. 134) Zu dem Popularitätsverlust, den Beethoven hinnimmt, kommt das künstlerische Dilemma. Die Klassik steht auf ihrem Höhepunkt, und jetzt geht es darum, wie man musikalisch fortschreiten könne. Das Kämpferisch-Heroische ist nicht mehr gefragt, sondern der neue romantische Stil, wie er sich in den Opern von Louis Spohr, Heinrich Marschner und Carl Maria von Weber manifestiert. Beethoven ist von der Situation wie gelähmt. Die Aufbruchstimmung, wie sie während der Französischen Revolution herrscht und die Künstler inspiriert, exis-

Niccolò Paganini
(1782-1840)

Künstlerisches Dilemma

tiert nicht mehr, und die Hoffnung auf eine bessere Gesellschaft ist der bitteren Realität gewichen. Die Folge ist eine tiefe Politikverdrossenheit, die auch den Komponisten erfasst. Das Lebensgefühl des Biedermeier greift um sich, das heißt Resignation und die Ansicht, dass sich Glück nur noch im einzelnen Individuum vollziehen könne. Der Bürger zieht sich zurück und stellt Ruhe, Behaglichkeit über alles. Auch die Musik verliert ihre Funktion, das Bewusstsein aufzurütteln. Stattdessen entwickelt sich das Bedürfnis nach Zerstreuung und Amüsement: Die Theater, die Opernhäuser bieten Unterhaltung, und dazu wächst der Bedarf an billiger Tanzmusik, um die bedrückenden Zustände zu kompensieren. »Die Lage ist hoffnungslos, aber nicht ernst«, so heißt es nun, und man entwickelt eine Mentalität des »Laissez faire«, die bis hin zu Großzügigkeit in Sachen Moral reicht.

Am 25. Januar 1815 begleitet der fast taube Beethoven den Sänger Franz Wild auf dem Klavier – der prominenteste Gast dieses Abends ist die Zarin. Dies ist der letzte pianistische Auftritt des Komponisten, der inzwischen ein Hörrohr benutzt und sich immer mehr zurückzieht. 1817 ist die Taubheit so weit fortgeschritten, dass er die Musik nicht mehr hört. Deprimierend ist auch, dass er die meisten Freunde und Gönner verliert: 1812 stirbt Kinsky nach einem Sturz vom Pferd, 1814 Lichnowsky, und Rasumowsky, dessen Palast auf tragische Weise niederbrennt, zieht sich zurück. Doch in dieser Zeit kommt es zu einem Ereignis, das Beethovens Leben verändert: Am 15. November 1815 stirbt sein Bruder Kaspar Karl,

Neffe Karl

der ihn zusammen mit seiner Frau Johanna zum Vormund des 9-jährigen Sohnes Karl beruft. Beethoven, dessen Leben trüb und leer geworden ist, sieht in dieser Aufgabe eine Chance, neues Lebensglück zu erlangen. Die Vorstellung, mit dieser »Vaterschaft« ein Stück familiäre Befriedigung zu erringen, erfasst ihn, und er beginnt, sich leidenschaftlich zu engagieren. Zuerst bemüht er sich darum, der alleinige Vormund zu sein, und versucht, das Gericht zu überzeugen, dass Johanna, die schon wegen Diebstahls mit dem Gesetz in Konflikt gekommen ist, für Karls Erziehung ungeeignet sei. Mit aller Rigorosität kämpft er um den Neffen und schreckt nicht einmal davor zurück, der Schwägerin Lasterhaftigkeit und Verkommenheit vorzuwerfen. »Diese Nacht ist die Königin der Nacht bis 3 uhr auf dem Künstlerball gewesen, nicht allein mit ihrer Verstandesblöße, sondern auch mit ihrer körperlichen – für 20 fl., hat man sich in die Ohren gesagt, daß sie – zu haben – sei!« – so schreibt er an Cajetan Giannatasio del Rio, den Direktor der Privatschule, die Karl nun besuchen soll (BG3 1996, S. 229). Im Januar 1816 bekommt Beethoven die Vormundschaft zugesprochen, und der 10-Jährige muss sich von seiner Mutter trennen. Die Rücksichtslosigkeit, mit der er der zwar lebenslustigen, aber nicht unmoralischen Schwägerin das Kind wegnimmt, zeigt seine Sehnsucht nach einem Menschen, den er lieben und besitzen will, und diese Sehnsucht ist offenbar so groß, dass er seine Handlungen nicht mehr einzuschätzen vermag. Beethoven sieht sich als Onkel, der den Knaben »retten« will und bildet sich sogar ein,

Beethovens Neffe Karl (1806-1858)

dass Karl sein Sohn sei. Aber auch Karl gegenüber verhält er sich widersprüchlich: Er holt ihn von der Schule ab, um mit ihm zu essen oder ein Konzert zu besuchen, und dann wiederum züchtigt er ihn, wenn er nicht lernt. Zu Hause wechseln Zärtlichkeiten mit dem ständigen Vorwurf, dass er sich mit seiner Mutter treffen würde. Im Frühjahr 1817 wendet sich Beethoven an die Streichers. Besonders Nanette vertraut er sich an, die ihm bei der Wohnungssuche und Anschaffung von Kleidung hilft und ihn in Fragen der gesunden Ernährung berät. Wie früher sucht er wieder die Geborgenheit des Familienlebens, die ihm auch Giannatasio gibt, dessen Frau und Kinder ihn liebevoll aufnehmen.

Die Jahre von 1815 bis 1817 gehören zu den dunkelsten in Beethovens Leben, und auch die kompositorische Produktion sinkt auf ein Minimum. Im April 1816 schreibt er den Liederzyklus *An die ferne Geliebte*. Doch in dieser Zeit vollendet er schon die erste seiner späten Klaviersonaten: die Sonate

A-Dur op. 101, und im Herbst 1817 beginnt er die Arbeit an
der *Großen Sonate für das Hammerklavier* B-Dur op. 106. Der
Neubeginn fällt Beethoven schwer, denn der Zusammenhang
zwischen seiner idealistischen Weltanschauung, Kreativität
und Eros, die stets die Hauptquelle für seine Inspiration bil-
deten, ist zerstört. Nicht einmal die Zuhörer erreicht er so wie
früher, denn der Hang zu Amüsement und seichter Unterhal-
tungsmusik nimmt immer mehr zu. »Solange der Oesterrei-
cher noch braun's Bier und Würstel hat, revoltiert er nicht«
(BG1 1996, S. 26), schreibt er bereits 1794 an Nikolaus Simrock –, und Karl von Bursy zitiert ihn in seinen Erinnerungen: »Die Kunst steht nicht mehr hoch über dem Gemeinen
[…]. Die Musik ist hier sehr im Verfall.« (Zit. n. TDR3 1923
S. 511 f.) Beethoven sieht die Missstände überall, seine Klagen
und Krankheiten häufen sich. Er ist verstört, launisch und
menschenscheu, und keiner, der ihn zu Hause aufsuchen will,
weiß, in welchem Zustand er ihn gerade vorfindet.

In diesen Jahren, die vielleicht die bittersten seines Lebens
sind, begibt sich Beethoven auf den Weg der Entsagung. Er
beschäftigt sich mit Philosophie und Religion, und in seinem
Tagebuch (1812-1818) findet man nicht nur zahlreiche von
ihm niedergeschriebene Gebete, sondern auch Auszüge aus
Büchern, die ihm geistige Anregung und Trost geben. Hierzu gehören z. B. die Werke von Kant und Sokrates sowie die
Epen Homers. 1820 notiert er: »Socrates u. Jesus waren mir
Muster«, und: »Das Moralische Gesez in unz, u. der gestirnte

> »Wenn ich am Abend den Himmel staunend betrachte und
> das Heer der ewig in seinen Grenzen sich schwingenden Licht-
> körper, Sonnen oder Erden genannt, dann schwingt sich mein
> Geist über diese soviel Millionen Meilen entfernten Gestirne
> hin zur Urquelle, aus welcher alles Erschaffene strömt […].«
> (Beethoven zu dem Harfenisten Johann Andreas Stumpff; Leitz-
> mann 1921, Bd. 1, S. 278 f.)

Himmel über unß! Kant!!!« (Schmidt-Görg 1957, S. 14) Dabei
ist naheliegend, dass er mit Jesus die Menschenliebe und mit
Kant das Prinzip der Vernunft verbindet. Nun sucht er nach
dem eigenen Glauben. Die Kirche mit ihren Traditionen und

Vgl. Klaviersona-
te op. 106, S. 107

Philosophie,
Religion

Hierarchien sieht er skeptisch. Stattdessen interessiert er sich für alle Weltreligionen, auch die ägyptischen und die indischen Konfessionen. Dabei ist es ihm am wichtigsten, die aufklärerischen Ideen mit dem Prinzip des gütigen, allmächtigen Vaters zu vereinen.

Neuer Aufschwung (1818-1824)

Mit der *Großen Sonate für das Hammerklavier* B-Dur op. 106, an der Beethoven 1817/18 im »verzweiflungsvollen Zustand« arbeitet, geht die tiefe Schaffenskrise des Komponisten allmählich zu Ende. Die Sonate ist dem Erzherzog Rudolph gewidmet, für dessen Inthronisation zum Erzbischof von Olmütz am 9. März 1820 ein groß angelegtes Sakralwerk, die spätere *Missa solemnis*, in Angriff genommen wird. Bereits 1818 tauchen die ersten Versuche zu seiner Neunten Sinfonie auf, und die Arbeit an ihr wird in den nächsten Jahren fortgeführt. Wenn auch die öffentlichen Konzerte selten geworden sind, gibt es dennoch eine Anzahl von Kennern und Liebhabern, die seine Musik intensiv pflegen. Hierzu gehört Carl Czerny, der für seine Schüler Sonntagskonzerte mit Klavier- und Kammermusik von Beethoven arrangiert, und die Streichers laden ihn zum Improvisieren ein.

Doch um Karl kommt es nun zu schweren Auseinandersetzungen. Bereits im Januar 1818 nimmt ihn Beethoven aus der Schule Giannatasios mit nach Hause, um ihn fortan daheim von einem Hauslehrer unterrichten zu lassen. Johanna, die fürchtet, dass sich der Einfluss des Schwagers auf ihren Sohn noch mehr vergrößern könnte, versucht darauf verzweifelt, die Vormundschaft anzufechten. Dabei gelingt es ihr, zu beweisen, dass Beethoven sie am Umgang mit Karl gehindert habe, und legt dar, dass seine Taubheit und Exzentrik Grund genug seien, ihm den Neffen wieder zu entziehen. Zudem wird offenbar, dass Beethoven nicht adliger Herkunft ist – für das Landgericht ein willkommener Anlass, den lästigen Fall an den Wiener Magistrat zu übergeben. Der ist von dem wunderlichen, exaltierten Auftreten des Komponisten so befremdet, dass man nun Johanna zur Vormünderin bestimmt. Beethoven ist daraufhin wie besessen davon, Karl zurückzu-

Kampf um den Neffen

erobern. Möglich, dass der Verbitterte keine Hoffnung mehr sieht, ohne Gewalt in den Besitz eines Liebes- und Fürsorgeobjekts zu gelangen. Im Januar 1820 verfasst er eine Schrift, in der der Fall noch einmal aus seiner Sicht dargestellt ist, und er verschafft sich ein lobendes Zeugnis von Erzherzog Rudolph. Diesem Aufgebot vermag sich das Appellationsgericht nicht zu widersetzen, und so entscheidet man, dass Beethoven zusammen mit dem befreundeten Hofrat Karl Peters, der schon die Kinder des Fürsten Lobkowitz erzogen hat, die Vormundschaft zurückerhalten soll.

Neue Schaffenskraft Nachdem Beethoven den Prozess gewonnen hat, findet er zu einer neuen, ungeheueren Produktivität. Nun geht er, wenn auch immer noch schwer mitgenommen, an die Vollendung seines Lebenswerks. 1820/21 komponiert er die Klaviersonaten E-Dur, As-Dur und c-Moll (op. 109-111), und bis 1823 die *Diabelli-Variationen*, sein bedeutendstes Variationswerk. Darüber hinaus wird 1823 die *Missa solemnis* vollendet – für die Kardinalsweihe leider zu spät, da sie weitaus umfangreicher geworden ist als geplant. Dann, 1823, nimmt die Neunte Sinfonie immer mehr Gestalt an, und er beginnt mit den Ent-

Beethoven im Morgengrauen in seinem Studierzimmer

würfen zum Streichquartett op. 127, dem ersten der hochbedeutenden Streichquartett-Gruppe, in denen sich schon der Spätstil manifestiert. Der Hauptgrund dafür, dass Beethoven die Krise überwindet, ist wohl die allmählich, d. h. schon ab 1816 / 17, zurückkehrende musikalische Inspiration. Doch erst

1820, nach der Beendigung des Neffen-Streits, fühlt sich der Komponist in der Lage, die zahlreichen Entwürfe, die inzwischen entstanden sind, auszuarbeiten. Der Neubeginn fällt ihm schwer, und die bedrückenden gesellschaftlichen Verhältnisse, in denen die Aufgabe des Künstlers zu einem Problem geworden ist, deprimieren ihn. Nun geht es ihm darum, die humanistische Mission der Kunst aufrechtzuerhalten und eine Tonsprache zu finden, die das bisherige kompositorische Werk noch übertrifft. Wie mühsam das ist, gibt Beethoven dem Herausgeber der Leipziger *Allgemeinen musikalischen Zeitung*, Johann Friedrich Rochlitz, zu erkennen: »ich trage mich schon eine Zeit mit drei großen Werken. Vieles dazu ist schon ausgeheckt [...]. Ich sitze und sinne und sinne; ich habs lange: aber es will nicht aufs Papier.« (TDR4, S. 286 f.) Die Kraftanstrengung, die den einsam in seiner Komponierstube sitzenden Beethoven der Weg zum Spätwerk kostet, beschreibt auch der Sekretär und Biograph des Komponisten Anton Schindler, der 1819 die Entstehung der *Missa solemnis* miterlebt: »In einer der Wohnzimmer [...] hörten wir den Meister über der Fuge zum Credo singen, heulen, stampfen [...]. Beethoven stand vor uns mit verstörten Gesichtszügen, die Beängstigung einflößen konnten. Er sah aus, als habe er so eben einen Kampf auf Tod und Leben mit der ganzen Schar der Contrapunctisten, seinen immerwährenden Widersachern, bestanden.« (Schindler 2004, 3. Nachdruck der Ausgabe von 1871, Bd. 1, S. 270 f.) Doch die Willenskraft, die Zähigkeit führen Beethoven auf den Weg, und er findet wieder Zuversicht. Dabei gelingt es ihm, die einstigen Ideale der »heroischen Phase« in neuer, überhöhter Sicht aufzugreifen und mit der religiösen Perspektive zu verbinden. Dies erst befähigt ihn, die Neunte Sinfonie und die *Missa solemnis* zu komponieren und den monumentalen Inhalt in eine adäquate Form zu bringen. Besonders im Finale der »Neunten« mit der *Ode an die Freude* strebt er das Ideal an, den besseren Menschen, ja die bessere Welt zu verkünden und den Leidenden gleichsam solidarisch, da er selbst das Leid kennt, Zuversicht zu vermitteln.

Das Leben Beethovens ist nun wieder ganz der Arbeit un-

tergeordnet. Er vergisst die Mahlzeiten und so manche Ver-
abredung, und der junge Wiener Publizist Johann Sporschil
schreibt, dass er »einer der tätigsten Menschen, die je gelebt
haben«, sei, und »die tiefe Mitternacht fand ihn noch arbei-
tend (Kerst 1923, Bd. 1, S. 72).« Bei alldem genügen ihm die
kleinen Freuden: essen, trinken, die Pfeife und gelegentlich
eine Unterhaltung, die ab 1818 aufgrund der zunehmenden
Taubheit nur umständlich mit Hilfe von Konversationsheften
geführt wird. Die Besucherzahl ist begrenzt: Rossini kommt,
den er für seinen *Barbier von Sevilla* lobt, und Rochlitz über-
mittelt ihm das Angebot des Verlages Breitkopf & Härtel, eine
Zwischenaktmusik zu Goethes *Faust* zu schreiben. Sogar Carl
Maria von Weber, der seine kritische Haltung zu ihm nach
einer *Fidelio*-Produktion in Prag ändert, sucht ihn auf und
kommentiert erstaunt: »Dieser rauhe zurückstoßende Mensch
machte mir ordentlich die Cour, bediente mich bei Tische mit
einer Sorgfalt wie seine Dame.« (Zit. n. TDR4 1923, S. 463)
Beethoven ist oft unterwegs, und die Wiener sehen ihn bei
Wind und Wetter durch die dunklen Gassen streunen, bar-
häuptig, da er den Hut vergessen hat, mit nassen, struppigen
Haaren. In dieser Zeit, von 1822 bis 1824, arbeitet der 28-jähri-
ge Schindler bei ihm: schreibt Briefe, berät ihn beim Abschluss
von Verträgen und hilft ihm in Alltagsdingen. Schindler gilt
zunächst als enger Vertrauter des Komponisten, dessen Mit-
teilungen man bis zu einem gewissen Grade Glauben schenkt.
Inzwischen hat sich jedoch herausgestellt, dass Beethoven ihm
distanziert begegnet, und zahlreiche Fakten, die er nieder-
schreibt, unkorrekt oder sogar frei erfunden sind.

Schindler (marginal note)

Die Kreativität, die Beethoven noch einmal zu Höchstleistungen führt, ist auch seiner neuen, 1819 / 20 einsetzenden
Popularität zu verdanken. 1820 gibt die »Gesellschaft der
Musikfreunde« zum ersten Mal wieder drei Konzerte, in
denen die *Eroica*, die Fünfte und die Achte Sinfonie zur
Aufführung kommen. In den neu begründeten »Concerts
spirituels« werden ebenfalls die Sinfonien Beethovens aufgeführt, dazu die Messe in C-Dur, *Christus am Ölberge* sowie
Meeresstille und *Glückliche Fahrt*, und das Publikum reagiert
enthusiastisch. Sogar der *Fidelio* wird 1822 noch einmal neu

inszeniert und sechsmal wiederholt. Beethoven versucht, die Generalprobe zu dirigieren, was allerdings zu einem Fiasko führt. Eine Zeitzeugin gibt die Eindrücke der Sängerin Wilhelmine Schröder wieder: »ihr wurde bang ums Herz, als sie den Meister […] heftig gesticulierend, mit wirrem Haar, verstörten Mienen und unheimlich leuchtenden Augen dastehen sah. Sollte piano gespielt werden, so kroch er fast unter das Notenpult, beim forte sprang er auf und stieß die seltsamsten Töne aus. Orchester und Sänger geriethen in Verwirrung.« (Zit. n. TDR4 1923, S. 315) Doch obwohl er niedergeschmettert aus dem Theater stürzt, fasst er sich, und schon am 20. Dezember informiert er euphorisch den in London weilenden Ries: »Beethoven kann schreiben, Gott sei Dank! […] Gibt mir nur Gott meine Gesundheit wieder, welche sich wenigstens gebessert hat, so kann ich alle den Anträgen von allen Orten Europa's, ja sogar aus Nordamerika, Genüge leisten […].« (BG4 1996, S. 555) 1823 bewirbt sich Beethoven ein letztes Mal als Hofkomponist am Kaiserlichen Hof. Auch diesmal verwendet sich der Erzherzog für ihn, aber die Stelle wird nicht mehr besetzt. Stattdessen bekommt er gleich mehrere Kompositionsaufträge: Die Londoner Philharmonische Gesellschaft bietet ihm 50 Pfund für eine Sinfonie, und das Kärntnertor-Theater beauftragt ihn mit einer Oper. Von großer Bedeutung ist auch ein Brief des Fürsten Nikolaus B. Galitzin, eines Violoncellisten aus St. Petersburg, der ihn bittet, ein oder mehrere Streichquartette zu schreiben, und ihm dafür ein lukratives Honorar verspricht. Beethoven arbeitet bereits an dem Streichquartett in Es-Dur – dem späteren Opus 127 –, das er dem Leipziger Verleger C. F. Peters anbietet, dem die Honorarforderung von 50 Dukaten freilich zu hoch ist. Daraufhin verhandelt er weiter mit Peters, mit dem Verlag Schotts Söhne und einem englischen Verleger, denn die Quartette sollen, ginge es nach ihm, möglichst doppelt und dreifach genutzt werden.

In den ersten Monaten des Jahres 1824 vollendet Beethoven die **Neunte Sinfonie**. Der Komponist überlegt, wo man das Werk am besten zur Uraufführung bringen könnte. Obwohl ihn die Wiener wieder bejubeln, bleibt er misstrauisch und versucht, die Möglichkeiten in Berlin auszukundschaften. Daraufhin bitten ihn Freunde und Bewunderer, darunter 30 führende

Musiker, Verleger und Musikliebhaber, in einem beschwörenden Brief, das Werk in Wien aufzuführen. In dem Schreiben, das man ihm überbringt, heißt es: »Entziehen sie dem öffentlichen Genusse […] nicht länger die Aufführung der jüngsten Meisterwerke Ihrer Hand. […] Sie allein vermögen den Bemühungen der Besten unter uns einen entscheidenden Sieg zu sichern. Von Ihnen erwarten der vaterländische Kunstverein und die deutsche Oper neue Blüthen, verjüngtes Leben, und eine neue Herrschaft des Wahren und Schönen […].« (Zit. n. TDR5 1908, S. 68 f.)

Beethoven im Mai 1824

Beethoven ist von dem Appell berührt und stimmt zu. Die Uraufführung findet am 7. Mai 1824 im Kärntnertor-Theater statt. Auf dem Programm stehen neben der Neunten Sinfonie die 1822 komponierte Ouvertüre *Die Weihe des Hauses* sowie das *Kyrie, Credo* und *Agnus Dei* aus der *Missa solemnis*. Zu den Solisten gehören die berühmte Henriette Sontag (Sopran) und Caroline Unger (Alt). Das Theater ist bis auf den letzten Platz ausverkauft. Der Kapellmeister Michael Umlauf, Dirigent der beiden Hoftheater, und der aus Russland zurückgekehrte Schuppanzigh leiten das Konzert, und Beethoven, der mit vorn steht, schlägt den Takt. Die Neunte Sinfonie wird mit tosendem Applaus aufgenommen. Doch Beethoven hört nichts, und man fasst ihn behutsam an der Schulter, wendet ihn zum Publikum – und er verbeugt sich. Der enthusiastische Beifall setzt sich in den Reaktionen der Presse fort: »Ein Tag der Feier für alle wahren Freunde der Musik«, jubelt ein Wiener Kritiker, und nach der zweiten Aufführung am 23. Mai liest man in der Wiener *Allgemeinen musikalischen Zeitung*: »Deshalb tragen, wie schon gesagt, alle Tonstücke dieses

> »Beethoven dirigirte selbst, d. h. er stand vor einem Dirigenten-
> pulte und fuhr wie ein Wahnsinniger hin und her. Bald streckte
> er sich hoch empor, bald kauerte er bis zur Erde, er schlug mit
> Händen und Füßen herum als wollte er allein die sämtlichen
> Instrumente spielen, den ganzen Chor singen. – Die eigent-
> liche Leitung war in Duports [Böhm verwechselte ihn mit Mi-
> chael Umlauf, Anm. d. A.] Hand, wir Musiker sahen bloß des-
> sen Taktstock. Beethoven feierte einen großartigen Triumph,
> doch konnte auch dieser ihn nur vorübergehend genügen und
> erheitern! Seine Taubheit machte ihn höchst unglücklich, der
> Trübsinn, der ihn befangen hielt, wich nicht mehr von ihm – Es
> war ein trauriges, herzzerreißendes Bild, diesen großen Geist
> so der Welt abgekehrt, verschlossen, mißtrauisch und in sei-
> ner Häuslichkeit vernachlässigt zu sehen.«
> (Der Geiger Joseph Michael Böhm 1863 in der *Brünner Zeitung*;
> zit. n. Ulm 2009, S. 257)

Werkes [...] den Stempel des Riesenhaften, des Ungeheueren,
deshalb reißen ferner seine gewaltsamen Tempo's den Hörenden wie in einem Strome von einer Empfindung zur anderen
mit sich fort, und lassen ihn kaum zu sich selber kommen.«
(Eichhorn 1993, S. 31) Daneben äußert man Skepsis und Un-
verständnis: Der Gehalt des Werks bleibe unverständlich, und
auch das Hinzutreten der Singstimmen im Finalsatz stifte
Verwirrung. Die Rede ist von »Überkünstelung«, und in einer
Rezension der Leipziger *Allgemeinen musikalischen Zeitung*,
die sich auf eine spätere Aufführung in Aachen (1825) bezieht,
liest man: »Auch in der Verirrung – gross!«

Vgl. Neunte Sinfonie, S. 83 ff.

Bereits in den 1820er Jahren gilt Beethoven neben Mozart als
das bedeutendste europäische Musikgenie. Dennoch sind die
Einkünfte, die ihm durch Konzerte oder den Druck seiner
Werke zufließen, spärlich. Der Komponist lebt hauptsächlich
von der fürstlichen Leibrente und den Dividenden der Bank-
aktien, die er jedoch nie angreifen will. Dies genügt indes
nicht, um seinen enormen Bedarf zu decken: Beethoven liebt
gutes Essen und erlesene Weine, stellt unentwegt neue Dienst-
boten ein, mietet eine Sommerwohnung und muss die Pensi-
onskosten für Karl aufbringen. Kein Wunder ist es daher, dass

er Schulden macht, z. B. bei den Verlagen Steiner und Artaria. Die Darlehen veranlassen ihn, die *Missa solemnis* mehreren Verlagen anzubieten, darunter neben Simrock und Peters auch Artaria, Schlesinger, Diabelli und Probst. Erst der Mainzer Schott-Verlag genügt seinen Ansprüchen, so dass er dem Druck schließlich zustimmt. Daneben offeriert er die handschriftliche Kopie des Werkes etlichen europäischen Fürstenhäusern, und dies für lukrative 50 Golddukaten pro Exemplar. Die Jahre zwischen 1820 und 1824 sind auch im persönlichen Bereich noch einmal von einem gewissen Aufschwung gekennzeichnet. Beethovens Verhältnis zu seinem Neffen beginnt sich zu normalisieren: Karl ist lebhaft, umgänglich, und scheint sich an die tyrannische Liebe des »Vaters« zu gewöhnen. Nachdem er 1823 die Schule absolviert hat, besucht er im Sommer die Universität und kurz darauf das Polytechnikum, wo er sich in die kaufmännische Sektion einschreibt. Dennoch ist die Beziehung zwischen Onkel und Neffe nie unproblematisch. Nicht nur Beethovens Besitzanspruch, sondern auch seine ständige Hilflosigkeit in praktischen Dingen, sein rüder Umgang mit den Haushälterinnen und Stubenmädchen, die oft nach kürzester Zeit das Weite suchen, sind für den Heranwachsenden belastend. Zudem ist der Ziehvater auf Karls Kameraden eifersüchtig und versucht, jegliche Treffen zu verhindern. Als ihm der Neffe dennoch einmal einen Freund vorstellt, reagiert er ablehnend und will von dem lästigen Gast nichts wissen.

Dass Beethoven exzentrisch ist, wissen die Wiener, und man bezeichnet ihn als Narr, wenn er auf der Straße den Adel, die Gerichte und sogar den Kaiser beschimpft. Die Freunde charakterisieren ihn differenzierter, und Friedrich Rochlitz konstatiert: »Sein Reden und Thun war eine Kette von Eigenheiten, und zum Theil höchst wunderlichen. Aus allem leuchtete aber eine wahrhaft kindliche Gutmüthigkeit […], Zutraulichkeit gegen alle, die ihm nahe kamen, hervor.« (Zit. n. TDR4 1923, S. 289) Dies bestätigt auch Grillparzer, der schreibt, dass »bei all seinen Launen […] etwas unaussprechlich Rührendes und Erhabenes« sei, »daß man ihn hochschätzen mußte« (zit. n. Nohl 1877, S. 66). Zu Beethovens neuem Freundeskreis, der sich in

Steiners Musikgeschäft trifft, gehören unter anderem die Wiener Musikverleger Anton Diabelli, Tobias Haslinger und mehrere Musiker, darunter natürlich Schuppanzigh, Czerny sowie Karl Holz, ein junger Kanzleibeamter und Violinspieler, der nach Schindler 1825/26 für ein Jahr Beethovens Sekretär wird. Der andere Kreis, zu dem führende Journalisten wie der Redakteur der Wiener *Allgemeinen musikalischen Zeitung* Friedrich August Kanne zählen, versammelt sich in den Wiener Lokalen um ihn. Hier diskutiert man über Politik, z. B. über die berüch-

> »Wenn Beethoven im Wirtshaus ist, redet er meist allein, und oft wie auf gut Glück in's Blaue hinaus. Die ihn Umgebenden setzten wenig dazu, lachten [...] oder nickten ihm Beifall zu. Er – philosophirte, politisirte auch wohl in seiner Art [...]. Alles das trug er vor in größter Sorglosigkeit [...], auch gewürzt mit höchst originellen, naiven Urtheilen oder possirlichen Einfällen.«
> (Der Musikkritiker Johann Friedrich Rochlitz über Beethoven; zit. n. Rochlitz 1868, S. 231)

tigten Karlsbader Beschlüsse (1819), in denen Maßnahmen zur Unterdrückung nationaler und liberaler Bewegungen fixiert werden, über deutsche Philosophie, die Zukunft der Musik und natürlich über Beethovens künstlerische Pläne.

Krankheit und Tod (1824–1827)

Im Januar 1825 wird Beethoven von der Londoner Philharmonischen Gesellschaft eingeladen, die seine Werke aufführen will, doch der Komponist muss wegen einer Darmentzündung absagen. Dem Rat seines Arztes Dr. Braunhofer folgend, fährt er im Mai wieder nach Baden, wo das Streichquartett a-Moll op. 132 entsteht. Die Entfernung zu Karl lässt ihn nicht schlafen, und er quält sich mit wild wuchernden Phantasien. Pausenlos schreibt er an den Neffen und ermahnt ihn, zu lernen, ein tugendhaftes Leben zu führen, und überschüttet ihn mit Moralpredigten. Immer wieder versucht er, ihn von seinem Freund zu trennen, und setzt alles daran, ihn von angeblichen erotischen Abenteuern abzuhalten. Dabei scheut er sich nicht, ihm nachspionieren zu lassen. Mit allen Mitteln versucht Beethoven, seine idealistischen Erziehungspläne durchzusetzen, und so ist es kein Wunder, dass Karl, dem die tyrannische Fürsorge unerträglich wird, beginnt Widerstand zu leisten. Möglich, dass er dem Onkel sogar mit Selbstmord droht, denn in einem der Briefe, die Beethoven in dieser Zeit schreibt, heißt es plötzlich: »Mein theurer sohn! nur nicht weiter – komm nur in meine Arme, kein hartes wort wirst du hören, o Gott gehe nicht in Dein Elend […].« (BG6 1996, S. 175)

Zurück in Wien, drängt es Beethoven zu neuer Arbeit. Er komponiert das Streichquartett B-Dur op. 130 und bereitet die erste öffentliche Aufführung des a-Moll-Quartetts vor, die am 6. November mit dem Schuppanzigh-Quartett zu einem großen Erfolg wird. Dass die Krankheit überwunden ist, gibt **Letzter Umzug** ihm Auftrieb, und auch dem Umzug ins Schwarzspanierhaus, einer ehemaligen Klosteranlage, die später zum Wohnhaus umgebaut wird, sieht er ungeduldig entgegen. Der Grund: Stephan Breuning, dessen Frau und die Kinder Gerhard und Marie wohnen in der Nähe, und wie schon bei den Giannatasios sehnt er sich wieder nach Aufnahme. Immer häufiger ist er bei den Breunings zu Gast, und die Hausherrin, die ihm zur mütterlichen Freundin wird, ordnet seine verwahrloste Wohnung.

Im Januar 1826 verschlechtert sich Beethovens Gesundheitszustand erneut, denn nun machen sich die Symptome einer geschädigten Leber bemerkbar. In dieser Zeit verstärkt sich auch der Konflikt mit dem Neffen dramatisch. Natürlich, Karl will sich vergnügen, und der Widerstand gegen den Onkel wächst. Die Folge ist, dass es zu einer noch schärferen Bewachung kommt. Beethoven will ihn zu einem Faschingsball begleiten und lässt erst davon ab, als sein Sekretär Holz verspricht, den Neffen zu observieren und gegebenenfalls vor unbedachten Schritten zu bewahren. Die Auseinandersetzungen häufen sich derart, dass Karl schließlich verzweifelt auf den Onkel einschlägt und das Haus verlässt. Kurz darauf – im Juni – kauft er sich zwei Pistolen und fährt nach Baden, um dort seinem Leben ein Ende zu bereiten. Doch der **Selbstmordver-** Selbstmordversuch misslingt: Karl wird schwer verletzt auf **such des Neffen** der Ruine Rauenstein gefunden, zu seiner Mutter gebracht und am 7. September ins allgemeine Wiener Krankenhaus eingeliefert.

Für Beethoven, der seit Jahren versucht, die Liebe des Neffen zu erringen, bricht eine Welt zusammen. Die Illusion, dass ihn dieser als Vater anerkennt, ist zerstört, und auch die Hoffnung, mit ihm eine Art Familienleben zu führen. Bereits am 25. September wird Karl, der offenbar Spielschulden hat, entlassen. Kurz darauf bekennt er sich zu seiner Mutter und äußert den Wunsch, zum Militär zu gehen. Die Freunde drängen Beethoven, die Vormundschaft aufzugeben, und nun stimmt er endlich zu: Breuning soll sie übernehmen. In Gneixendorf, wo Beethovens Bruder ein Gut hat, sollen sich Onkel und Neffe erholen und wieder versöhnen. Die beiden treffen am 28. September ein, und Nikolaus Johann unternimmt nun alles, um ihnen den Aufenthalt so an-

Nikolaus Johann van Beethoven (1776-1848)

genehm wie möglich zu machen. Beethoven streift über die Felder, und abends arbeitet er an der Vollendung seines letzten Streichquartetts F-Dur op. 135. In diesen Tagen schreibt er auch an Friedrich Wilhelm III. und bedankt sich dafür, dass er die Widmung der Neunten Sinfonie angenommen hat. Im September beauftragt er seinen Freund und Verleger Tobias Haslinger, das Widmungsexemplar der »Neunten« in einer Prachtausgabe binden zu lassen, und schickt es nach Berlin. Obwohl Beethoven die verschiedensten Auszeichnungen besitzt, darunter eine kostbare Goldmünze Ludwigs XVIII., hofft er, dass ihn der Preußenkönig – der Sohn desjenigen, den er in der Phantasie zu seinem vermeintlichen Vater gemacht hat – belobigt. Aber die Ehrung bleibt aus, und der Herrscher antwortet nur: »Ich danke Ihnen […] und übersende Ihnen den beigehenden Brillantring zum Zeichen meiner aufrichtigen Werthschätzung.« Der Ring, den ein rötlicher, unbedeutender Stein ziert, ist jedoch nur 160 Gulden wert.

> »Ew. Majestät sind nicht bloß Vater allerhöchst Ihrer Untertha-
> nen, sondern auch Beschützer der Künste und Wissenschaften:
> um wie viel mehr muß mich also Ihre allergnädigste Erlaubniß
> erfreuen, da ich selbst so glücklich bin, mich als Bürger von
> Bonn unter Ihre Unterthanen zu zählen.«
> (Aus einem Brief vom 27. /28. September 1826 an Wilhelm III.;
> BG6 1996, S. 294)

Krankheit Zurück in Wien, verschlechtert sich Beethovens Gesundheitszustand rapide. Die Leber schwillt an, die Gelbsucht nimmt
zu, und der Unterleib, der viel zu viel Wasser enthält, muss
punktiert werden. Karl umsorgt ihn, und es gibt keinen Streit
mehr, im Gegenteil: nun findet der Neffe Gelegenheit, seine noch immer vorhandene Zuneigung zu offenbaren. Doch
schon am 2. Januar 1827 muss er zu seinem Regiment nach
Iglau (heute Jihlava) fahren. Karl dient darauf sechs Jahre, heiratet, hat fünf Kinder und führt später ein bürgerliches Leben.
Kurz nach seinem Fortgang setzt Beethoven ein Testament
auf, in dem es heißt: »Ich erkläre vor meinem Tode Karl van
Beethoven, meinen geliebten Neffen, als meinen einzigen Uni-
versalerben von meinem Hab und Gut […].« (Kastner / Kapp
1923, Nr. 1450) Inzwischen weiß man, dass es für Beethoven,
der an Leberzirrhose, Autointoxikation (d. h. Selbstvergiftung)
und Bauchwassersucht leidet, keine Hoffnung mehr gibt. Der
Arzt Dr. Malfatti empfiehlt »Punschgefrorenes«, ein kühles
alkoholhaltiges Getränk, das die Schmerzen und die Depres-
sionen lindern soll.

Im Februar geht es Beethoven miserabel. Zu denen, die ihn
umsorgen, gehören Nikolaus Johann, die Breunings, Schindler, Holz und Sali, die Haushälterin. Die Freunde besuchen
ihn, darunter Hummel, Schuppanzigh, die Verleger Haslinger und Diabelli sowie die Streichers. Möglich, dass er sich
noch einmal aufrafft, um zu komponieren, z. B. beschäftigt er
sich mit einer Zehnten Sinfonie, zu der einige Skizzen über-
liefert sind. Zudem denkt er über eine neue Oper nach sowie
über ein Oratorium.

In den letzten Wochen ist Beethoven von Gefühlen der Liebe
und des Wohlwollens erfüllt. Er freut sich über ein Bild von

Haydns Geburtshaus, das ihm Diabelli schenkt, und versöhnt sich innerlich mit seinem Kompositionslehrer, von dem er in den ersten Wien-Jahren noch so enttäuscht war. Auch seinem Vater und der Mutter gegenüber nimmt er inzwischen eine versöhnlichere Haltung ein, wenn er z. B. hofft, »vielleicht künftiges Jahr meinen vaterländischen Boden betreten zu können und die Gräber meiner Eltern zu besuchen« (BG4 1996, S. 411). Nur die Idee, ein Sohn Friedrich Wilhelms II. zu sein, hält er bis zu einem gewissen Grade aufrecht, wenn er auch nicht mehr so kategorisch darauf beharrt.

Das Ende Beethovens kommt rasch, aber die Freunde haben den Eindruck, dass er darauf gefasst ist. »Da liege ich schon vier Monate«, erklärt er, »man verliert zuletzt die Geduld!« (zit. n. TDR5 1908, S. 482) – und sucht dann wieder Trost bei Pfirsichkompott und Wein. Die wichtigste Versöhnung steht ihm allerdings noch bevor: mit Karls Mutter Johanna. Bereits 1823 / 24 ergreift ihn das Mitleid mit der Schwägerin, die verschuldet ist, und er verzichtet auf seinen Unterhaltsanteil für Karl. Nun greift er zur Feder und ändert das Testament, so dass ihr im Falle von Karls Tod das gesamte Nachlass-Kapital zufällt. Bereits am folgenden Tag fühlt Beethoven sein Ende, und man erteilt ihm die Sterbesakramente. Kurz darauf fällt er in ein Koma, aus dem er bis zu seinem Tod am 26. März Tod nicht mehr erwacht. In dieser Zeit sind nur der Komponist Anselm Hüttenbrenner, der zum Freundeskreis von Franz Schubert gehört, und eine Frau – Johanna oder Beethovens andere Schwägerin Therese – anwesend.

Zu Beethovens Nachlass gehören neben dem Bar- und Aktienvermögen auch einige persönliche Hinterlassenschaften, die Schindler und ein paar Freunde im Zuge der Wohnungsauflösung als »Reliquien« mitgehen lassen. Hierzu zählen unter anderem der belletristische Teil der Bibliothek, Konversationshefte, Manuskripte, Skizzenbücher, Brillen und Hörrohre. Das Übrige, die Originalmanuskripte, Partituren, Noten und Bücher, wird im November 1827 zu Karls Gunsten versteigert. Hinzu kommt ein nicht unbeträchtliches finanzielles Erbe, bei dem es sich um rund 20 000 Florin handelt. Im Jahre 1846 lässt sich Schindler schließlich dazu bewegen, den noch in seinem Besitz befindlichen Teil des Nachlasses an die Königliche Bibliothek in Berlin zu veräußern. Der Nachlass, soweit noch vorhanden, befindet sich heute vor allem im Beethoven-Haus in Bonn.

Am 29. März 1827 wird Beethoven auf dem Währinger Friedhof beerdigt. Zehntausende von Wienern, darunter etliche Schaulustige, kommen, um ihm das letzte Geleit zu geben. Der Trauerzug, den Stephan von Breuning und dessen Sohn Gerhard, Nikolaus Johann und Johanna van Beethoven anführen, windet sich vom Hof des Schwarzspanierhauses zur Kirche in der Alsergasse und von dort aus nach Währing,

Beethovens Leichenzug

wo der Schauspieler Heinrich Anschütz die von Grillparzer verfasste, beeindruckende Trauerrede hält. In dieser heißt es: »[…] ein Künstler war er, und was er war, war er nur durch die Kunst. Des Lebens Stacheln hatten ihn tief verwundet, und wie der Schiffbrüchige das Ufer umklammert, so floh er in deinen Arm, o du, […] des Leides Trösterin, von oben stammende Kunst!« (Zit. n. TDR5 1908, S 496 f.) – Ein halbes Jahrhundert später, 1888, werden die sterblichen Überreste Beethovens auf den Wiener Zentralfriedhof umgebettet.

Werk

Vollendung der Klassik

Mit dem Werk Beethovens gelangt die musikalische Klassik zu ihrem Höhepunkt. In ihm werden Kraft, Leidenschaft, hymnischer Elan und tiefe Innigkeit auf eine noch nie dagewesene Höhe geführt. Neu ist der Ton des Schicksalhaft-Tragischen, der jedoch innerhalb eines Prozesses angestrengten, heroischen Ringens überwunden wird. Beethovens Musik packt den Hörer, rüttelt ihn auf, und es gibt wohl kaum einen anderen Komponisten, der so dazu berufen ist, den Triumph über die Mächte der Finsternis und die Idee von der befreiten, glücklichen Menschengemeinschaft gleichsam in Töne zu meißeln.

Bereits in seiner Jugend nimmt Beethoven die Tonsprache und die musikalischen Gestaltungsmittel der damals vorherrschenden Stilrichtungen auf: die Wiener Klassik (Haydn, Mozart), den Sturm und Drang (Carl Philipp Emanuel Bach), die Mannheimer Schule (Carl Stamitz, Franz Xaver Richter) und die Einflüsse der französischen Sinfoniker (François-Joseph Gossec). Schon in den frühen Wiener Jahren – bis 1802 – ist der junge Komponist bestrebt, sich den klassischen Stil anzueignen. Daneben prägt er die ersten Merkmale seines Personalstils aus, etwa den Hang zu groß dimensionierten Werken, den ernsten, pathoserfüllten Tonfall und die auffällige Experimentierfreudigkeit. Dann, in den Jahren der Reife ab 1802, nimmt die Idee der »heroischen Musik« Gestalt an, welche auf die stürmische Bewegtheit in den Zeiten der Französischen Revolution reagiert. In diesen Jahren entsteht auch der größte Teil seiner Sinfonien, die von hohem ethischen Anspruch erfüllt sind, etwa die Dritte und die Fünfte Sinfonie, und dazu die Oper *Fidelio*. Dagegen ist das Spätwerk, dem etwas von Verklärung, Ekstase anhaftet, von dem Drang geprägt, überlieferte Ordnungsschemata aufzulösen, doch auch von dem Wunsch erfüllt, wieder auf transparentere Formen, z. B. auf die monothematische Durchführung, die Kontrapunktik und die Fuge, zurückzugreifen.

Um die künstlerischen Vorstellungen zu verwirklichen, musste Beethoven ein kühner Neuerer sein. Zwar übernimmt er die

Tonsprache

musikalischen Gestaltungsmittel von den Klassikern Haydn und Mozart, entwickelt sie aber in genial-unkonventioneller, ja sogar provozierender Weise fort. Zu den neuen Kompositionstechniken, die er verwendet, gehört z. B. der Themendualismus, in dem zwei musikalische Themen, die unterschiedlichen Charakters sind, kämpferisch gegeneinander geführt und in der Durchführung in mannigfaltiger Weise variiert, miteinander verwoben, in Teilmotive zerlegt und einzeln fortgesponnen werden. Diese dualistische, bereits in Mozarts *Jupiter-Sinfonie* anzutreffende »motivisch-thematische Arbeit« führt Beethoven zu einem grandiosen Höhepunkt, der für zukünftige Komponistengenerationen wegweisend wird. Darüber hinaus macht er sich das Prinzip der Variation zueigen, indem er die Technik der Motivverwandlung nutzt, und ist so in der Lage, die gesamte Palette des musikalischen Ausdrucks zu präsentieren. Auch im Bereich des Dynamischen ist die Tonsprache Beethovens einzigartig. Zu ihren dominierenden Merkmalen gehören ebenfalls das nie aufhörende Drängen und Treiben, die Setzung und Überwindung von Widerständen und das Nebeneinander von scharfen Gegensätzen. In der Melodik, etwa in den Sinfonien und Konzerten, klingt nicht nur das klassische Humanitätsmelos an, sondern auch der Elan französischer Revolutionsmusik; hinzu kommen die Einflüsse des österreichischen Volkslieds und des Liedguts anderer Nationen. Im Tonalen spielt die Molltonart als Ausdruck des Tragischen, des Schmerzes eine große Rolle, und im Harmonischen die kühne Nutzung von Chromatik, Dissonanzen und weitläufigen Modulationen. Dagegen ist der Rhythmus von eigenwilligen Spannungen, z. B. Synkopen, Taktwechseln und widerborstigen Sforzati gekennzeichnet, und auch die jähen piano-forte-Wechsel dienen der dramatischen Ausdrucksintensivierung.

Zu Beethovens Werken, von denen hier nur die wichtigsten vorgestellt werden können, gehören vor allem die Oper *Fidelio*, 9 Sinfonien, 7 Solokonzerte, 11 Ouvertüren, Kirchenmusik – darunter die *Missa solemnis* – , und dazu die Kammermusik, die Klaviermusik sowie etliche Lieder und Gesänge, z. B. das Lied *Adelaide* und der Zyklus *An die ferne Geliebte*.

Kompositionstechniken

Sinfonien

Beethovens Leistung als Sinfoniker besteht darin, dass er die am Ende des 18. Jahrhunderts typisierte Sinfonie zu einem Bekenntniswerk unverwechselbaren Charakters erhebt. Wie ein Monolith stehen die neun Sinfonien, von denen man die »Dritte«, die »Fünfte« und die »Neunte« geradezu als sinfonische Dramen bezeichnen kann, vor uns. Zu ihren wichtigsten Kriterien gehört die Monumentalität, die sie durch gewaltige Ausmaße und starke Klangentfaltung erlangen. Die Kopfsätze (erste Sätze) sind durch eine weit ausgeführte Durchführung und Coda (Schlussteil) gekennzeichnet, während der langsame Satz in der »Neunten« zum großen, fünfteiligen Adagio avanciert. Hinzu kommt die starke Besetzung: in der »Dritten« mit einem dritten Horn, in der »Fünften« u. a. mit Posaunen und in der »Neunten« mit Pauken, Trompeten, Gesangssolisten und dem Chor. Ein weiteres Merkmal der Beethoven-Sinfonie ist die intensive Dynamik, die sich unter anderem durch schnelle Tempi, Einbeziehung von Elementen der vorwärtsdrängenden Sonatenform in andere Satzformen – etwa in der Variationsform – und vermehrt auftretende Crescendo-Prozesse (crescendo: ital. »lauter werdend«) auszeichnet. Mit Vorliebe nutzt Beethoven das »subito piano« (»plötzlich leise«), um daraufhin ein neues Crescendo aufzubauen, was zu machtvollen Steigerungen führt. Typisch ist auch, dass die musikalischen Gestaltungsmittel oft funktionale Bedeutung besitzen. Zum Beispiel ist ein Thema wie das »Klopfmotiv« zu Beginn der »Fünften« mit bestimmten Vorstellungen verbunden (etwa von der Unheil verkündenden Botschaft), und auch die Abweichung von den üblichen Tonsatzmodellen oder die Modifizierung von Satzformen deuten auf eine programmatische Aussage: Die Entwicklung zu einem unüberschaubaren chaotischen Höhepunkt weist möglicherweise auf Bedrängnis, Gefährdung hin, und die erweiterte, ausgebaute Reprise eines Finalsatzes auf die Verwirklichung eines idealen, elysischen Zustands.

Wie seit Haydn üblich, sind die meisten Sinfonien Beethovens viersätzig. Den Ausgangspunkt der musikalischen Auseinandersetzung bildet häufig der Kopfsatz, dessen scharf

Bekenntniswerke

profilierte Themen in der Durchführung kämpferisch gegeneinander geführt werden. Der langsame zweite Satz ist meist durch lyrischen, tiefsinnigen Ausdruck charakterisiert, während sich der dritte Satz, das ursprüngliche Menuett, zum Scherzo, d. h. zu einem Charakterstück voll Trotz und grimmigem Humor entwickelt. Doch erst im letzten Satz werden die Konflikte zur Lösung und damit zum triumphalen Finale geführt. Im Gegensatz zu den großen dramatisch-heroischen Sinfonien sind die Vierte, die Sechste und die Achte Sinfonie eher anmutig-lyrische bzw. heiter-humorvolle Werke mit entspannendem Charakter.

Sinfonie Nr. 1 C-Dur op. 21 · 1799/1800

Beethovens Erste Sinfonie orientiert sich noch an der Kompositionstechnik Joseph Haydns und erinnert in ihrer schwärmerischen Helligkeit an Mozarts *Jupiter-Sinfonie*. Das Werk lebt von einer hochgemuten, übermütigen Stimmung, und die Tonart C-Dur evoziert den klaren Geist der Aufklärung. Nun aber schlägt der junge Komponist einen selbstbewussten, ja geradezu eigenwilligen Ton an: Hier geht es nicht um die höfische, ungezwungene Unterhaltung, sondern um eine direkte Ansprache des Hörers, der mitdenken und sich gegebenenfalls auch provozieren lassen soll. Hiervon kündet sogleich die langsame Einleitung des ersten Satzes, die mit einem harmonisch gespannten, durchaus ungewöhnlichen Septakkord beginnt, wodurch die Spannung expressiv aufgeladen wird. Daraufhin setzt mit einem Allegro con brio der temperamentvoll-feurige Hauptteil ein, dessen marschartiges Hauptthema unverkennbar von französischer Revolutionsmusik inspiriert ist und dessen tänzerisches Nebenthema Ecossaisen-Charakter trägt. In der Durchführung demonstriert Beethoven, dass er nicht nur genial zu phantasieren versteht, sondern auch die meisterhafte, an Haydns

Vgl. S. 28 f.

Geist der
Aufklärung

Beethoven,
um 1801

Londoner Sinfonien geschulte motivisch-thematische Arbeit beherrscht, etwa die fortschreitende Aufspaltung der musikalischen Thematik bis in ihre kleinsten Bestandteile, das regelhafte Durchlaufen der Tonarten oder das Setzen dynamischer Kontraste – bis die Coda sieghaft, triumphal mit dem Hauptthema beschließt.

> »[Nun wurde] die Beethovensche Sinfonie C-Dur mit Präzision und Leichtigkeit gegeben. Eine herrliche Kunstschöpfung [...], ein ungemeiner Reichthum schöner Ideen ist darin prächtig und anmuthig entfaltet, und doch herrscht überall Zusammenhang, Ordnung und Licht.«
> (Konzertbesprechung in der Wiener *Allgemeinen musikalischen Zeitung* vom 13. Februar 1805, Sp. 321; zit. n. Ulm 2005, 5. Aufl., S. 68)

Die aufbegehrende Haltung des jungen Sinfonikers begegnet auch im langsamen zweiten Satz, der zunächst im Stil eines lyrisch beschwingten, mit ruhigen Dreiklangsbrechungen beginnenden Menuetts daherkommt. Im Kontrast dazu bringt der Mittelteil ein rhythmisch scharf punktiertes, aus dem Hauptthema abgeleitetes Motiv ins Spiel, das zusammen mit auftaktiger Signalmotivik und jähen Sforzato-Betonungen eine bedrohliche Stimmung heraufbeschwört. Auch der dritte Satz, der sich zwar »Menuetto« nennt, brüskiert die höfische Musizierform, denn statt des üblichen steifen, gezierten Tanzes folgt nun das erste typische Beethoven-Scherzo, dessen nach oben drängende Skalenbewegungen, dynamisches An- und Abschwellen und harmonische Kühnheiten von einem geradezu grimmigen Humor künden. Mit dem Finale, einem dahinwirbelnden, energiegeladenen Spiel, in dem es einzig und allein um Entspannung geht, kehrt der Komponist noch einmal zur Haydn-Sinfonie des ausgehenden 18. Jahrhunderts zurück.

Sinfonie Nr. 3 Es-Dur op. 55 · Eroica, 1802/1803

Nicht nur für Beethoven, sondern für die Musikgeschichte überhaupt stellt die *Eroica* eine Wende dar. Hier manifestiert sich der Begriff vom »Ideen-Kunstwerk«, und die mu- Vgl. S. 34 f.

sikalische Gestaltung erreicht ihren ersten Höhepunkt. Dies betrifft vor allem die gewaltigen Ausmaße des Werkes, die Sprengung der Form und die Zuspitzung der Gegensätze sowie die geweitete Melodik und Harmonik, den Rhythmus und die jähen dynamischen Kontraste. Das Werk ist von einem völlig neuartigen, vehement emotionalen und pathetisch beschwörenden Ausdruck, konkretisiert in den Sujets »Heldentum«, »Befreiung« und »Menschwerdung«. Dabei spielt nicht nur Napoleon, auf den der Komponist zunächst große Stücke hält, eine Rolle, sondern auch die Gestalt des Prometheus, der den Menschen das Feuer bringt und in der Zeit des aufgeklärten Absolutismus zum Leitbild für eine künftige Gesellschaft wird. Im Gegensatz zu den ersten Sinfonien Beethovens, deren Sätze wie noch bei Haydn motivisch-thematisch miteinander verknüpft sind, handelt es sich bei der *Eroica* um völlig selbständige, scharf gegeneinander kontrastierende Gebilde.

Raub des Lichtes. Radierung aus dem Zyklus »Brahmsphantasie« von Max Klinger

Heroischer Ausdruck

Bereits der Beginn des monumentalen, heroischen Kopfsatzes kündigt an, dass sich Neues, Großes vollzieht: zwei harte, gebieterische Orchesterschläge, welche die Musiktraditionen des 18. Jahrhunderts geradezu zerschmettern. Auch in der folgenden Exposition geht Beethoven unkonventionell vor: Das Hauptthema, eine signalartige Dreiklangsmelodie, wirkt zunächst nur lapidar, dahingeworfen, und erst beim dritten Themenauftritt entfaltet sich die Gestalt im Fortissimo zu ihrer wahren, heldischen Größe. Die Durchführung, in der noch zwei weitere Themen, ein flehendes Holzbläsermotiv und ein hymnischer Choralton-Gedanke, anklingen, ist in mehreren Steigerungswellen angelegt. Dabei ist alles auf Veränderung, Verwandlung und Neuentstehung ausgerichtet – bis hin zu einem gewaltigen Höhepunkt, in dem die Entwicklung durch immer dissonantere und rhythmisch sich querstellende Tutti-Schläge gebändigt wird. Mit einer erneuten Gebärde des

Triumphes schließt der Satz. Im Gegensatz zum heroischen Kopfsatz gibt sich der langsame zweite, in c-Moll stehende Satz als Trauermarsch, der von einer ungeheueren Dichte des Ausdrucks, Pathos und großer Gestik lebt. Wie ein Trauerzug aus der Ferne naht sich das klagende Hauptthema, und erst dann folgt das Es-Dur-Seitenthema im expressiven Streichermelos. Der Rückgriff auf französische Trauermusik, die zu den Totenfeiern während der Revolutionsjahre gespielt wurde, und auch die Nutzung der älteren kontrapunktischen Themenverarbeitung geben dem Satz eine Dimension des Feierlich-Erhabenen, wie sie bis dahin noch nicht zu hören war. Der dritte Satz, ein typisches Beethoven-Scherzo, erinnert schon aufgrund seines schnellen Tempos weniger an einen Tanz, sondern ein Charakterstück. Huschende, gehetzte Staccati, heftige Synkopierungen und jähe dynamische Ausbrüche evozieren das Bild einer aufgewühlten, sehnsüchtigerwartungsvollen Menschheit. Ist dieser dritte Satz noch ganz vom Sehnen und Drängen erfüllt, so folgt mit dem Finale die musikalische Vorwegnahme der neuen, von dem Lichtbringer Prometheus verkündeten Welt. Der Satz, in Form einer freien Variationenkette komponiert, stützt sich auf thematisches Material aus dem 1801 komponierten Ballett *Die Geschöpfe des Prometheus* bzw. die kurz darauf entstandenen *Eroica-Variationen* für Klavier op. 35. Nach einem stürmischen Beginn wird zunächst der Bass des Hauptthemas vorgestellt, und dann in der dritten Variation präsentiert sich das liedhafte, freudige Thema selbst. Erst in den folgenden Variationen stößt Beethoven in musikalisches Neuland vor, wobei er die verschiedensten Satztechniken – Sonatensatz, Fuge und basso ostinato – nutzt, dazu Elemente der Volksmusik, des Tanzes und des Marsches, bis das Werk mit einer schier unendlichen Reihe triumphaler Akkorde schließt.

Sinfonie Nr. 5 c-Moll op. 67 · 1804-1808

Bereits mit der Dritten Sinfonie hat Beethoven das Gebiet der Konvention weit hinter sich gelassen, und auch die »Fünfte« erfordert höchste Aufmerksamkeit des Hörers. Das Besondere des Werkes ist sein geradezu appellativer Charakter. Zwin-

Vgl. S. 39 ff.

gender als je zuvor wird man in das musikalische Geschehen einbezogen und dabei aufgefordert, mitzufühlen und mitzu-

denken. Wie die *Eroica* ist auch Beethovens »Fünfte« auf eine programmatische Idee fixiert. Dabei handelt es sich um den Weg des Menschen »durch Nacht zum Licht«, der nur über zahlreiche Hindernisse und Aufbietung aller Willenskräfte zum Ziel führt. In meisterhafter Weise versteht es Beethoven, dies musikalisch, das heißt in leidenschaftlich-dramatischen Dialogen, unerbittlichem Vorwärtsdrängen und immer neuen, kraftvoll auftrumpfenden Steigerungen, zu charakterisieren. Doch die »Fünfte« ist auch konkret interpretiert worden: So stammt z. B. von Anton Schindler die Überlieferung, dass der Komponist zu den ersten vier

Beethoven-
Denkmal von
Max Klinger im
Museum der
bildenden
Künste Leipzig,
1901

»Durch Nacht
zum Licht«

Tönen des Kopfsatzes geäußert habe: »So pocht das Schicksal an die Pforte.« Zwar nur bedingt glaubwürdig, führt dies später zu dem treffenden, mit der Lebenstragik des Komponisten – z. B. dessen Gehörleiden – in Beziehung stehenden Ausdruck »Schicksals-Symphonie«. Die Sinfonie beginnt mit vier mottoartigen, hart-hämmernden Orchesterschlägen, deren letzter eine Terz nach unten fällt. Dieses eherne, machtvolle Devisen-Motiv, das »Schicksalsmotiv«, wird nun zum Ausgangspunkt einer unerbittlichen, fatalistischen Entwicklung, in der offenbar jegliche Auflehnung vergeblich ist; ein lyrisches, Hoffnung verheißendes Seitenthema bleibt dagegen Episode. Die Durchführung, die von ungeheurer Energie, ja Motorik gekennzeichnet ist, konzentriert sich ganz auf dieses Hauptmotiv, das im Weiteren auf den verschiedenen Stufen variiert, dynamisch geschärft und schließlich auf seine rhythmischen Elemente reduziert wird. Mit einer totalen Niederlage wird diese erste Auseinandersetzung mit dem Schicksal beschlossen.

Im Gegensatz zum Sturmlauf des kämpferisch erfüllten Kopfsatzes herrscht im langsamen zweiten Satz friedliche Idylle. Das liedhafte, beschauliche Marschthema in As-Dur wird in drei Variationen verarbeitet und schwingt sich in immer lich-

> »Dieser Ausbruch genialer Phantasie, kraftvoller Größe, dieses lebendige Bild hoher Leidenschaft in allen Abstufungen bis zu ihren heftigsten Momenten, und ihrer Auflösung in triumphirenden Jubel, ist allgemein als ein Meisterwerk des Verfassers bekannt, das im Fache großer Instrumental-Musik einen klassischen Werth behauptet. Welche Fülle und Gediegenheit der Ideen! Welche reichhaltige, effektvolle Instrumentierung! Welcher wahre innere Genius!«
> (Konzertbesprechung in der Wiener *Allgemeinen musikalischen Zeitung*, 1813, Sp. 293 f.; zit. n. Ulm 2005, S. 167)

tere, sehnsüchtigere Gefilde der Hoffnung empor. Aber auch hier fehlt es nicht an kurzzeitigen Irritationen, drohenden Untertönen, bis der Satz nach einem fanfarenartigen Ruf, der den Sieg offenbar vorwegnehmen will, verklingt. Im dritten Satz, einem Scherzo, wird die hoffnungsvolle Dreiklangsmelodik erneut in Frage gestellt: Die Dreiklangsgestalt tastet sich aus dem Dunkel drohend empor, und nun stimmen die Hörner fortissimo den Rhythmus des »Schicksalsmotivs« an – ein brutaler Gewaltmarsch, in dem der »verzweiflungsvolle Zustand« Wirklichkeit wird. Die Durchführung vertieft diese Szene, um den Weg »durch Nacht zum Licht« in immer neuen, fragenden Ansätzen aufzunehmen. Doch dann, gegen Ende des Satzes, verwandelt sich der »Schicksalsrhythmus« in drängende Viertel- und Achtelbewegung, bis sich das Ganze mit jähem Crescendo staut und schließlich übergangslos in das jubelnde C-Dur-Dreiklangsthema des Schlusssatzes mündet. Besonders dieses Finale erinnert an die legendären Kampfgesänge der Französischen Revolution, etwa an Méhuls *Le Chant du Départ*.

Sinfonie Nr. 6 F-Dur op. 68 · Pastorale, 1807/08

Im Gegensatz zu Beethovens Fünfter Sinfonie, die sich auf Kampf und Schicksalsüberwindung richtet, stellt der Komponist in der Sechsten Sinfonie das menschliche Individuum in den Zusammenhang mit der Natur. Nicht um ein dynamisches, spannungsgeladenes Werk geht es hier, sondern um beschauliche, kontemplative Stimmungsbilder, in der die Na-

Vgl. S. 41

Naturerfahrung turerfahrung des Menschen im Mittelpunkt steht. Bereits der Titel *Sinfonia pastorale* offenbart, dass sich Beethoven von der Tradition italienischer Pastoralsinfonien des 18. Jahrhunderts inspirieren lässt. Aber die »Sechste« ist keine Programmmusik, welche die Natur nur musikalisch nachzeichnet, sondern die dabei das menschliche Gefühl in den Vordergrund stellt. Denn obwohl der Komponist poetische Satztitel, etwa für den zweiten Satz »Szene am Bach« verwendet und vereinzelt Tonmalereien nutzt, spricht er dennoch von einer »Sinfonia caracteristica« und notiert als Höranweisung: »Mehr Ausdruck der Empfindung als Malerey«. Die *Pastorale* ist ein Werk der Harmonie, der Ausgewogenheit und des Wohlklangs, in dem es fernab aller Konflikthaftigkeit um das »Erholen in der unverdorbenen Natur« und auch um das Verhältnis zum Göttlichen geht.

Das Hauptthema des Kopfsatzes »Erwachen heiterer Gefühle bei der Ankunft auf dem Lande« geht auf ein serbisches Kinderlied – *Sirvonja* – zurück, dessen Motive ständig wiederholt, variiert und in wechselnder harmonischer Färbung präsentiert werden. Die Musik ruht dabei ganz in sich selbst, und der Mensch, der die Schönheit der Natur miterlebt, empfindet jede musikalische Neuformung als rauschhafte Steigerung seines Glücksgefühls. In der Durchführung, die vor allem das fallende Violinmotiv des zweiten Taktes verarbeitet, steigert sich die heitere, arkadische Stimmung immer mehr – bis zur Schlusskadenz mit besinnlichem Nachklang. Auch der zweite Satz, »Szene am Bach«, ist ein freundliches, beschauliches Stimmungsbild, in dem ein liedhaftes Grundthema von den Streichern variiert fortgesponnen wird und so die sanfte Wellenbewegung des Baches assoziiert. Nicht Gegensatz, sondern Ergänzung bildet das zweite Thema, eine weit ausschweifende glückserfüllte Melodie, welche die Stimme des Menschen vertritt. In der Coda gibt es noch einen Sonderauftritt von Nachtigall (Flöte), Wachtel (Oboe) und Kuckuck (Klarinette) – Tonmalerei, die Beethoven hier in liebenswürdig-scherzhafter Weise verwendet.

Die Sätze drei bis fünf gehen unmittelbar ineinander über. Der dritte Satz »Lustiges Zusammensein der Landleute« ist ein ausgelassener, derber Bauerntanz, in dem das Zusammensein der Menschen thematisiert wird. Ein munter dahinhuschendes Staccato-Thema vermittelt das Bild der Burschen und Mädchen bei fröhlichem Tanz, dem im Themennachsatz die beschwingten Klänge eines Ländlers folgen. Doch plötzlich kommt das Geschehen ins Stocken, und der vierte Satz »Gewitter und Sturm« bricht in die ländliche Szene. Der Komponist orientiert sich hier an keinem Formenmodell und zeichnet dennoch, wenn auch stilisiert, den Ablauf eines Gewittersturms nach: das Zucken der Blitze (gezackte Motive), das Grollen des Donners (Paukenwirbel, Kontrabässe) und das Pfeifen des Windes (Streicher). Aber so schnell wie das Unwetter gekommen ist, verschwindet es wieder, und der Satz endet mit einer schlichten, demutsvollen Melodiegeste, die nun direkt ins Finale »Hirtengesang. Frohe und dankbare Gefühle nach dem Sturm« führt. Der fromme, rondoartige Abgesang beginnt mit einem Hirtenruf, der im neunten Takt in das liedhafte Hauptthema führt, eine inbrünstige Dankesweise, die immer weiter ins Hymnische gesteigert wird und das Werk überschwenglich beschließt.

Sinfonie Nr. 7 A-Dur op. 92 · 1811/12

Als Beethoven die Siebente Sinfonie vollendet hat, steht er auf dem Höhepunkt seines Ruhmes. Die Schaffenslust ist unbegrenzt, und es ist möglich, dass er sich in dieser Zeit gerade in Antonie Brentano verliebt. Kein Wunder daher, dass die »Siebente« eine derartige Kraft und dazu dieses selbstverständliche Glücksgefühl ausstrahlt. Wie die Fünfte Sinfonie und die Musik zu Goethes *Egmont* (1810) ist offenbar auch dieses Werk ein patriotisches, das in seiner strahlenden, von Jubel durchdrungenen Grundhaltung den Sieg über Napoleon gleichsam vorwegnimmt. Hiervon künden nicht nur die Intonationen französischer Revolutionsmusik, sondern auch solche des deutschen, österreichischen und russischen Volksliedes. Im Gegensatz zu Beethovens »Fünfter«, bei der ein aufgestellter Konflikt erst nach langem Ringen gelöst wird, steht in der »Siebenten« der Gedanke des glücklichen Befreitseins, des freudigen Aufbruchs in eine neue, bessere Welt bereits am

Vgl. S. 52

Glückliches Befreitsein

>»Ich halte es für meine Pflicht, allen den verehrten mitwirken-
den Gliedern der am 8. und 12. Dezember gegebenen Akademie zum Besten der in der Schlacht bei Hanau invalid gewordenen Kaiserl. österr. und Kgl. Bayer. Krieger für ihren bei einem
so erhabenen Zweck dargelegten Eifer zu danken. [...] Mir fiel
nur darum die Leitung des Ganzen zu, weil die Musik von meiner Komposition war; wäre sie von einem anderen gewesen, so
würde ich mich ebenso gern wie Herr Hummel an die große
Trommel gestellt haben, da uns alle nichts als das reine Gefühl
der Vaterlandsliebe und des freudigen Opfers unserer Kräfte
für diejenigen, die uns soviel geopfert haben, erfüllt.«
(Beethoven dankt den am Konzert mitwirkenden Musikern im
Intelligenzblatt der *Wiener Zeitung*, 1813; zit. n. Ulm 2005,
S. 215)

Anfang der Sinfonie. Diese Grundhaltung führte zu zahlreichen Fehlinterpretationen des Werks, in dem man z. B. ein
»antikes Rebenfest«, eine »spanische Hochzeitsfeier« oder
die »Apotheose des Tanzes« sieht. Dabei enthält die letztere,
von Richard Wagner stammende Definition durchaus etwas
Wahres, denn jedem Satz liegt ein bestimmter Rhythmus zu
Grunde: dem ersten ein tänzerisch-punktierter 6/8-Takt, dem
zweiten ein ruhiges Schreitmotiv, dem dritten betonte Vier-
telbewegung und dem Finale eine Drehfigur aus einer Achtel-
und sechs Sechzehntelnoten, wodurch das Werk seinen ein-
zigartigen Schwung erhält. Daneben gewinnt das Prinzip der
harmonischen Veränderung, d. h. der kühne Wechsel in andere Tonarten als aktivierende, gestaltende Kraft, an Bedeutung.
In einem Skizzenbuch von 1811/12 notiert Beethoven dazu,
dass diese »in jedem Hörenden wirklich Veränderungen her-
vorbringen sollen«, womit gemeint ist, dass der Hörer akti-
viert und die Leidenschaft noch mehr entfesselt werden soll.
Die Sinfonie beginnt mit einer langsamen, feierlichen Einleitung, in der die Holzbläser eine weitgespannte, verhei-
ßungsvolle Melodie entwickeln. Daraufhin wird das lied-
haft-beschwingte Hauptthema eingeführt, das in der Flöte
beginnt, vom Orchester aufgegriffen wird und erst hier seinen
ganzen feurigen Schwung offenbart. Mehrere Nebengedan-

ken bestärken diesen nur von einer daktylisch punktierten 3/8-Figur bestimmten Grundton, der das freudige Gefühl des gemeinsamen Sieges assoziiert und später eine machtvolle hymnische Steigerung erfährt. Im scharfen Kontrast dazu steht der langsame zweite Satz, ein zwielichtig-schattenartiger Trauermarsch, der an die gefallenen Aufständischen der Tyrannenherrschaft erinnert. Dem düsteren, fahl klingenden a-Moll-Einleitungsakkord folgt in den tiefen Streichern ein fatalistisches Schreitmotiv, das an Litanei-Singen auf Prozessionen und Wallfahrten gemahnt. Dazu kommt ein schmerzlich-klagendes Gegenmotiv, das von den Bratschen und Violoncelli exponiert wird. In vierfacher Steigerung, durch alle Stimmen führend, wächst dieses Geschehen zu heroischer Größe, bevor der Satz, wieder dunkel zurückfallend, in a-Moll endet.

Doch nun fährt presto, in furiosem Wirbel, der dritte Satz herein, farb- und rhythmusbetont, von mitreißender Tanzbewegung – ein Feuerwerk der Lebensfreude. Dem schwungvoll aufstrebenden Hauptthema ist ein lyrischer, inniger Dankgesang zugeordnet, der sich durch zunehmende klangliche Intensivierung bis hin ins Hymnische steigert. Der Satz ist regelgemäß fünfteilig, mit zwei langsamen Trio-Mittelteilen, in denen ein altes niederösterreichisches Wallfahrerlied zitiert wird. Noch schwungvoller, hinreißender gibt sich schließlich der vierte Satz, ein Finale, das in seiner unbändigen, orgiastischen Urkraft nicht mehr zu übertreffen ist. Das Ganze lebt von einem tänzerisch-federnden Hauptthema, das mit seinen bohrenden, kreiselnden Sechzehntel-Figuren Verwandtschaft zu slawischen Intonationen aufweist. Ein zweites, triumphales Marschthema in den Holzbläsern und Hörnern führt zu weiteren Steigerungen. In der Durchführung wird vor allem das erste Thema verarbeitet. In immer neuen Tonarten wird es gesteigert und ins Licht geführt, bis hin zur jubelnden Coda.

Sinfonie Nr. 9 d-Moll op. 125 · 1818-1824

Beethovens Neunte Sinfonie ist von einzigartiger Bedeutung, und es gibt wohl kaum eine andere musikalische Schöpfung, die eine so ununterbrochene, bis heute anhaltende Aktuali-

Vgl. S. 58 u. 61 ff.

tät aufweist. Das Werk entsteht in einer Zeit des Umbruchs: Dem Sieg über Napoleon (1813) folgt der Wiener Kongress, der zum Wiedererstarken des Feudalabsolutismus in Europa führt, und auch die Ideale der Aufklärung sowie der Französischen Revolution, die Beethoven in seinem Schaffen während der »heroischen Phase« inspirieren, rücken in weite Ferne. Doch der Misere zum Trotz reift die Idee des Komponisten, eine Sinfonie zu schaffen, in der das Ringen um Glück auf der Grundlage von Freiheit, Gleichheit und Brüderlichkeit noch einmal künstlerisch festgeschrieben werden soll. So evoziert die »Neunte« das Bild von einer Menschheit, die alle Tiefen des Daseins durchleidet und die aber schließlich dennoch durch eigene Kraft und den unerschütterlichen Glauben an eine fortschrittliche Entwicklung den Weg zur Freude findet. Besonders in dieser Botschaft

Beethovenfries von Gustav Klimt, 1902 (Ausschnitt)

Der Weg zur Freude

liegt der humanistische Wert des Werkes, das in jeder Zeitepoche Gültigkeit besitzt, und das die Zuhörer begeistern, ja erschüttern soll. Bedeutsam ist auch, dass Beethoven im Finalsatz die Verse aus der *Ode an die Freude* von Friedrich Schiller vertont, in der – auf dem Höhepunkt des Geschehens – die Frage nach der Schöpfung gestellt und dabei auf den waltenden Gottvater verwiesen wird. Gerade diese Stelle, die oft als die erhabenste des Werkes überhaupt empfunden wird, macht die in dieser Zeit weiter gereifte, gefestigte Religiosität des Komponisten deutlich.

Neben dem monumentalen Inhalt, den die Neunte Sinfonie auszeichnet, sind auch die musikalischen Gestaltungsmittel kühn und einmalig. Bereits die Dauer des Werkes von mehr als einer Stunde übertrifft die früheren Sinfonien beträchtlich. Dazu wird der Klangapparat wesentlich erweitert, um die Vertiefung des Ausdrucks zu gewährleisten. Die Viersätzigkeit bleibt zwar erhalten, aber die Teile sind riesig geweitet und erfahren zusammen eine monumentale Steigerung. Wichtig ist, dass das Adagio nicht wie üblicherweise an zweiter, sondern erst an dritter Stelle folgt, um so die ruhende Mitte zu dem wichtigsten, dem Finalsatz zu bilden. Neu ist auch die Art des bildhaft-assoziativen Komponierens, und so könnte man z. B. den Beginn des Kopfsatzes, 16 Takte, die durch leere, fahle Quinten gekennzeichnet sind, als die »Geburt einer Idee« charakterisieren. Ihre besondere Bedeutung verdankt die »Neunte« dem Finale und dessen Schlusschor *Ode an die Freude*, die bereits 1793 vertont werden soll. Die Entscheidung, die Beethoven damit trifft, ist schon ungeheuer: Nachdem er die traditionellen musikalischen Gestaltungsmittel ausgeschöpft hat, um dem Hörer die Werkidee so deutlich wie möglich zu machen, greift er zu einem weiteren, völlig neuen Mittel: dem Einbezug der menschlichen Stimme. Mit diesem Schritt, die Hauptregel für das Genre »absolute Musik« – die Wahrung des musikalischen Eigenwerts – zu durchbrechen, wird er zu einem kühnen Neuerer auf dem Gebiet der Instrumentalmusik, der auf die folgenden Komponistengenerationen einen entscheidenden Einfluss ausüben soll.

Die Sinfonie beginnt mit einem gewaltig ringenden Kampfsatz, in dem heroischer Widerstand gegen den »verzweiflungsvollen Zustand« geleistet wird. Bereits das fatalistische, die »Welt ohne Freude« charakterisierende Hauptthema, das in leise vibrierenden leeren Streicher-Quinten vorbereitet wird und nach 16 Takten in die Tiefe stürzt, macht die neue Dimension der sinfonischen Auseinandersetzung deutlich. Der thematische Komplex setzt sich aus verschiedenen Motiven zusammen, die im Charakter gegensätzlich sind und in dramatischer Weise fortentwickelt werden. Hier ist alles enthalten: das Chaos, aus dem die erste Hoffnung keimt, der kämpferische Aufruf, der qualvolle Aufschrei und schließlich das schmerzliche Resignieren. Das liedhaft-zarte Seitenthema, welches die Hoffnung nach einer besseren Welt zum Ausdruck bringt, kann sich dagegen nicht behaupten. Mit einer nie dagewesenen Dramatik ist auch die Durchführung gestaltet, ein Kampf bis zur physischen Erschöpfung, der sich in extrem konzentrierter, verdichteter motivisch-thematischer Arbeit widerspiegelt. Und noch einmal, in der Coda, wird die Auseinandersetzung zwischen den Motiven und Themen durchgefochten – bis zu einem beklemmenden »Sieg«, der keiner ist.

Während der Mensch im ersten Satz noch von seinem Schicksal erdrückt ist, befreit er sich im scherzoartigen zweiten durch rastlose Aktivität. Das punktierte, im Oktavsprung abstürzende Kernmotiv führt in ein vorwärts drängendes Hauptthema, und nun beginnt eine Jagd, in der das Thema fugiert wird und das Ganze zu einem wilden, ekstatischen Tanz gerät. Geradezu meisterhaft versteht es Beethoven, in der Durchführung den Tanzrhythmus, das Variations- und das Fugenprinzip miteinander zu verbinden. Danach wird im Trio-Teil eine slawische Hirtenweise exponiert, die Kraft und Zuversicht ausstrahlt und sich durch ihre Wiederholungsmanie geradezu ins Rauschhafte steigert. Aber auch dieser Satz führt zu keiner Lösung und bricht mit heftig polternden Oktavsprüngen jäh ab.

Nach dem wild-infernalischen Tanz folgt im dritten Satz der lyrische, weihevolle Instrumentalgesang – die Vision von einer besseren Welt. Das ruhig-beseelte, hymnisch emporsteigende Hauptthema bildet den Ausgangspunkt für eine sich verhalten steigernde Variationenreihe, die figuratives Ausspinnen mit choralartiger Strenge verbindet; ein zweites Thema (in D-Dur), das durch kleine, flehentliche Gesten gekennzeichnet ist, bleibt wiederum Episode. Erst gegen Schluss wird der paradiesische Zustand von kraftvollen, feierlichen Fanfaren unterbrochen, die auf Neues, Bedeutungsvolles hinweisen.

»Einem niederschmetternden Donnerschlag vergleichbar kündet sich das Finale an; als aber endlich, nach einer Aufforderung des Solo-Basses, auch der volle Chor in majestätischer Pracht das Loblied der Freude anstimmt, da öffnet das frohe Herz sich weit dem Wonnegefühle des seeligen Genusses, und tausend Kehlen jauchzen [...]. Kunst und Wahrheit feyern hier ihren glänzendsten Triumph, und mit Fug und Recht könnte man wohl sagen: non plus ultra! – Wem möchte es wohl gelingen, diese unnennbare Stelle noch zu überbieten?«
Besprechung der Neunten Sinfonie in der Wiener *Allgemeinen musikalischen Zeitung* 1824, Sp. 437-442; zit. n. Ulm 2005, S. 258)

Mit einem wilden, dissonanten Aufschrei wird die Ruhe des Adagios zerrissen, und das Finale beginnt. Noch einmal klingen der hoffnungslose Anfang des ersten, das orgiastische Treiben des zweiten und die Traumverlorenheit des dritten Satzes an, von kommentierenden Streicher-Rezitativen heftig verworfen. Da aber scheint das ersehnte Freudenthema gefunden: Wie aus der Ferne in den Bässen daherkommend, wird es von den Streichern sukzessive aufgenommen und immer höher, bis zum glanzvollen Tutti geführt. Noch einmal gebieten Paukenwirbel und Dissonanzen Einhalt, worauf der Bariton verkündet: »O Freunde, nicht diese Töne!« – und erst jetzt kommt es zu einer monumentalen Entwicklung: Der Bariton und die Chorbässe singen das entscheidende Wort »Freude!«, der Solist intoniert die Schiller-Worte »Freude, schöner Götterfunken«, das Soloquartett und der Chor treten hinzu, bis sich das Ganze zu einem Hymnus auf die menschenverbrüdernde Freude steigert. Nun folgt der zweite, heroische Teil des Satzes, in dem sich das Freudenthema in einen Geschwindmarsch verwandelt, und im dritten Teil, der das »Brüder, überm Sternenzelt muß ein lieber Vater wohnen« enthält, wendet der Komponist den Blick ins Göttliche. Die letzte Stufe schließlich bildet die ins Hymnische gewandelte Form des Freudenthemas und die sich anschließende Doppelfuge, worauf das Werk in einer grenzenlos jubelnden Coda verklingt.

Ouvertüren

Zwischen 1801 und 1822 komponiert Beethoven elf Ouvertüren, die zur Eröffnung von Schauspielen, z. B. *Coriolan*, *Egmont* und *König Stephan* und Werken des Musiktheaters (*Fidelio*, *Die Geschöpfe des Prometheus*) dienen; dazu kommen aber auch Stücke, in denen die Beziehung zur Bühne fehlt wie die Ouvertüre *Zur Namensfeier*, die für den österreichischen Kaiser entsteht, oder *Die Weihe des Hauses*, welche zur Eröffnung des neu erbauten Theaters in der Josefstadt zu Wien geschaffen wird. Die Ouvertüren Beethovens sind oft Auftragswerke, doch daneben existieren ebenfalls Stücke, die ihn persönlich reizen wie die *Leonoren-Ouvertüre* Nr. 3, in der der Komponist ganz eigene Wege beschreitet. Das Neue der

Integration der
Bühnenhandlung

Beethovenschen Ouvertüre besteht vor allem darin, dass sie die dramatische Handlung des Bühnenwerks viel mehr als früher in den musikalischen Verlauf integriert. So stimmt sie nicht nur ein, sondern trägt die Konflikte regelrecht aus, wodurch sie zu einer selbständigen, im Konzertsaal aufzuführenden Tondichtung avanciert. Die Ouvertüren beginnen oft mit einer langsamen Einleitung. Daraufhin folgen wie in der Sinfonie die Exposition mit ein oder zwei musikalischen Themen und eine Durchführung, die entweder nur überleitenden Charakter trägt oder im Sinne der sogenannten Bogenform A-B-A als kontrastierender, kämpferischer Mittelteil fungiert. Erst in der Reprise bzw. in der Coda findet die Lösung des Konflikts statt. Die große programmatische Ouvertüre, wie sie Beethoven schafft, wird im 19. Jahrhundert zum Vorbild für Carl Maria von Weber und Franz Liszt.

Die Geschöpfe des Prometheus C-Dur op. 43 · 1800/01

Vgl. S. 29

Die Ballett-Ouvertüre *Die Geschöpfe des Prometheus* komponiert Beethoven im Auftrag des Wiener Ballettmeisters Salvatore Viganò, der sich für die neue, von klassisch-humanistischen Idealen getragene Tanzkunst einsetzt. Bereits seit längerem interessiert sich der Komponist für den antiken Prometheus-Mythos, welcher in den Jahren nach der Französischen Revolution auch als Huldigung an Napoleon Bonaparte zu verstehen ist. Prometheus, eine Leitfigur der Aufklärung, raubt den Göttern das Feuer, um die Menschen aus dumpfer Unwissenheit zu befreien, ihnen Selbstbewusstsein einzupflanzen und ihren Drang nach Erkenntnis zu wecken. Obwohl dies gelingt, werden die Menschen schon bald durch Bacchanten zu Ausschweifungen und Gewalttaten verführt, worauf Melpomene, die Göttin der Tragödie, Prometheus tötet. Doch der Naturgott Pan erweckt ihn wieder und feiert mit der Menschheit, die sich inzwischen geläutert hat, das neue, bessere Leben. Die Ouvertüre zum Ballett strahlt den hellen, mozartnahen Geist der Ersten Sinfonie aus. Das Werk beginnt mit einem langsamen Einleitungsteil, dessen edles, würdiges C-Dur-Thema an die Prometheus-Gestalt erinnert. Das nachfolgende Allegro, ein glanzvolles Orchesterstück, lebt insbesondere von seinem froh beschwingten, temperamentvollen Hauptthema (Oboe), das durch ein anmutiges Seitenthema (Flöte) bereichert wird. Die Durchführung, wie die Exposition beginnend, rückt das Geschehen ins pathetische c-Moll, womit die opernhaften Züge des Stücks betont werden. Erst in der Coda kommt es zur Befreiung und so zu einem frohgestimmten, lichterfüllten Ausgang.

Leonoren-Ouvertüren

Zu Beethovens Oper *Fidelio* (ursprünglich *Leonore*), die 1806 und 1814 umgearbeitet wird, gibt es insgesamt vier Ouvertüren, die zu unterschiedlichen Zeiten entstanden sind, verschiedene Entwicklungsstufen darstellen und allesamt den Inhalt des Werkes widerspiegeln: die Leiden des im Gefängnis darbenden Florestan, die brutale Willkür des Despoten Pizarro, die kühne Handlungsweise der liebenden Gattin Leonore und den Freudentaumel befreiter Menschen. Unter den Ouvertüren ist die *Leonoren-Ouvertüre* Nr. 3 C-Dur op. 72a (1806) diejenige, welche ihren festen Platz im Konzertsaal behauptet. Hier handelt es sich um ein Werk, in dem die Idee der Oper so gestaltet wird, dass daraus eine packende sinfonische Tondichtung entsteht. Um das Stück nachvollziehbar zu machen, nutzt der Komponist die wichtigsten Motive der Arien als Hauptthemen, die sinfonisch verarbeitet werden. Bereits die langsame Einleitung führt in die dunkle Klangwelt Florestans, der im Gefängnis schmachtet und die Freiheit herbeisehnt. Das Hauptthema, eine liedhafte, vorwärtsdrängende Melodie, die dem Hörer das Bild Leonores vor Augen führt, wird ins Kämpferische und zu heroischer Größe gesteigert; dazu tritt ein elegisches, harmonisch geschärftes Seitenthema, das die Stimmung schnell wieder eintrübt. Nun tritt die düstere Gestalt des Gouverneurs Pizarro auf, charakterisiert durch Streicher-Tremoli und grollende Bassfiguren. Daraufhin folgt ein dramatisches Ringen, in dem zwar das Leonore-Thema dominiert, aber ein Motiv aus dem Schlussduett der Kerkerszene nochmals auf die »unnennbaren Leiden« Florestans deutet. Da erklingt ein Trompetensignal, das die Ankunft des Ministers verkündet und für den Gefangenen die Freiheit

Sinfonische Tondichtung

bedeutet. Mit einem innigen Dankgesang, der sich aus dem Florestan-Thema in den Holzbläsern entwickelt und schließlich in ein triumphales, noch einmal an die Leonore-Melodik gemahnendes Finale mündet, endet das Werk. – Die 1814, zur letzten Opernfassung komponierte *Fidelio*-Ouvertüre op. 72 b steht der Oper bis heute voran. Das kurze Vorspiel führt nur stimmungsmäßig in die Handlung ein, ohne sich intensiver auf die musikalische Thematik des Werkes zu beziehen.

Egmont-Ouvertüre f-Moll op. 84 · 1810

Vgl. S. 44

Die Ouvertüre zu Goethes Trauerspiel *Egmont* entsteht im Jahr 1810 für das Wiener Burgtheater, in dem man den Befreiungskampf der Niederländer gegen die Spanier auf die Bühne bringen will, für die Beethoven eine Schauspielmusik komponiert. Neben der Ouvertüre, die bis heute im Konzertsaal gespielt wird, gibt es noch vier Zwischenaktmusiken: zwei Lieder für Klärchen, drei Szenenmusiken, die Darstellung von Egmonts Traum und am Schluss eine Sieges-Sinfonie – Stücke, die heute kaum mehr zur Aufführung kommen. Die Ouvertüre, die am 15. Juni 1810 zum ersten Mal gespielt wird, bezieht sich nicht nur auf den Inhalt des Dramas, sondern noch mehr auf die Person und das Schicksal Egmonts, dessen Charakter in geradezu meisterhafter Weise nachgezeichnet wird. Dabei gestaltet der Komponist weniger den Goethischen, d. h. den lebensfrohen, menschenbeglückenden Helden, sondern mehr den finsteren, tragischen. Das Werk, in dem Beethoven die klassische dreiteilige Sonatensatz-Anlage nutzt, beginnt mit einer langsamen, dunklen f-Moll-Einleitung, in der sich zwei kontrastierende Themen gegenüberstehen: ein düsteres, lastendes Streicher-Motiv im strengen Rhythmus der spanischen Sarabande sowie ein Seufzer-Motiv in den Holzbläsern, das als Klage und Leid der unterdrückten Niederländer gedeutet werden kann. Doch bereits am Ende der Einlei-

Ankündigung der Aufführung von Goethes Egmont im Burgtheater, 1810

»Dann [folgten] Haydns bekanntes Salve regina, und die [...] beethovensche Ouvertüre zu Göthe's Egmont, dies herrliche Ton-Gemälde, welches wie ein Zauberspiegel die Hauptzüge des ganzen Schauspiels abstrahlt: in der ersten Hälfte, abwechselnd, bald [...] die edle, unbefangne Grösse des Helden, bald die Zartheit seiner Liebe, bald Klärchens Klage; die zweite aber den hohen Triumph seines Sterbens, vor welchem jede Klage verstummt, und die hohe Glorie und Verklärung des ungebeugt Gefallnen.«
(Rezension des Herausgebers der Mainzer *Caecilia* Gottfried Weber in der *Allgemeinen musikalischen Zeitung* 1814, Sp. 167 f.; zit. n. Kunze 1996, S. 220)

tung wird ein neuer, zuversichtlicher melodischer Gedanke exponiert, der im Allegro-Hauptteil immer stärker voran- **Befreiungskampf** drängt und versucht, das sich entgegenstellende Sarabanden- **der Niederländer** Motiv zu überwinden. Dann aber, nach intensiver Auseinandersetzung, tritt Stille ein: Egmont ist, wie das auch aus einer Werkskizzen-Notiz des Komponisten hervorgeht, gefallen. Mit einer wirbelnden Coda, die den Sieg des unterdrückten Volkes visionsartig vorausnimmt, schließt das Stück.

Klavierkonzerte und Violinkonzert

Bereits 1784, im Alter von 14 Jahren, komponiert Beethoven das Klavierkonzert Es-Dur WoO 4 (Fragment) sowie um 1795 ein Rondo für Klavier und Orchester B-Dur WoO 6. Aber erst die Konzerte Nr. 1 C-Dur op. 15 und Nr. 2 B-Dur op. 19, die 1801 gedruckt wurden, führen zum Erfolg, der sich mit den Konzerten c-Moll op. 37, G-Dur op. 58 und Es-Dur op. 73 noch steigert. Der Komponist schreibt die Werke zum eigenen Gebrauch, d. h. für sein pianistisches Auftreten in der Wiener Öffentlichkeit. Zu den Vorbildern, die ihn inspirieren, gehört vor allem Mozart, der das Klavierkonzert zu einem ersten Höhepunkt führt, wobei er den unterhaltenden Ausdruck, der bis dahin noch vorherrscht, vertieft und vergeistigt. Beethoven übernimmt von ihm die große Form und den typischen, auf die vorklassische Concerto-Manier zurückgehenden Wechsel von Tutti- und Solopassagen, den er mit dem dualistischen Geist der Sonatenform verbindet. In den Konzerten Nr. 1 und Nr. 2 überwiegt noch die Heiterkeit, die Freude am virtuosen Spiel. Erst in den späteren Konzerten Nr. 3, 4 und 5, die sich durch wahre Bekenntnishaftigkeit auszeichnen, findet der Komponist zu einem neuen, individuellen Stil. Zu diesem gehört vor allem die Nutzung des sinfonischen Prinzips, das sich durch konsequente motivisch-thematische Arbeit wie in den Sinfonien auszeichnet, sowie die enge Verflechtung von Solo- und Orchesterpart. Neu sind auch die Priorität der musikalischen Entwicklung und der zielstrebige, logisch fortschreitende und immer wieder aufbegehrende Tonfall.

Motivisch-the-matische Arbeit

Klavierkonzerte Nr. 1, Nr. 2 und Nr. 3

Das Klavierkonzert Nr. 1 C-Dur op. 15, entstanden Mitte der 1790er Jahre, zeichnet sich durch jugendlich-feurige Haltung aus. Hier offenbart sich das Selbstbewusstsein des jungen Beethoven, der sich nicht an die Konventionen hält, sondern mit einem schon durchaus eigenen, energisch-geschärften Tonfall aufwartet. Dabei bedient er sich nicht nur eines erweiterten Instrumentariums (mit Klarinette, Trompeten und Pauken), sondern auch zahlreicher kompositorischer Neuerungen, zu denen vor allem die provokative Melodik, die kühne Harmonik – z. B. weitausgreifende Modulationen – und die ungewöhnliche Rhythmik gehören. Bereits das marschartige Thema des Kopfsatzes schafft die festliche, majestätische Haltung des Werkes, die sich bis zum strahlenden Tutti steigert. Neu ist die kühne Behandlung des Klaviers, das schon ganz in die musikalische Arbeit miteinbezogen ist und mit brillanten Figuren, simultanen Läufen und vollgriffigem Klaviersatz aufwartet. Im Kontrast dazu offenbart sich im langsamen Mittelsatz (Largo, As-Dur) die ganze Empfindungstiefe des jungen Komponisten. Im Mittelpunkt steht ein edles, schwärmerisches Hauptthema, das in großen Melodiebögen und poetisch-zarten Arabesken des Solisten fortgesponnen wird und durch die samtigen Klangfarben seinen besonderen Reiz erhält. Das Finale, ein spielerisches Rondo, lebt wiederum von zwei Themen, einem derb-aufrührerischen, vom Klavier exponierten Gedanken und einem dahinschlendernden Gassenhauer, die im weiteren Verlauf mit pianistischer Brillanz verarbeitet werden.

Das frühere, 1795-1798 mehrmals bearbeitete Klavierkonzert Nr. 2 B-Dur op. 19 nimmt wohl erst um 1798 seine endgültige Gestalt an. Das Konzert ist noch zu einem Gutteil dem Vorbild Mozart verpflichtet, was sich nicht nur in der traditionellen Form und Struktur, sondern auch in dem lyrischen Grundton, dem Orchesterklang und der Behandlung des Klaviers offenbart. Neu und typisch für Beethoven sind die leidenschaftlichen, vom Geist des Sturm und Drang inspirierten musikalischen Themen, scharf formulierte, dramatischen Spielfiguren, die immer wieder dazwischenfahren, und nicht zuletzt die kühnen harmonischen Wendungen. Der erste Satz beginnt mit einem energischen, rhythmisch punktierten Gedanken (Orchester), dessen lyrischer Nachsatz die Durchführung bestimmt; das ebenfalls liedhafte, in Des-Dur kontrastierende Seitenthema steht eher im Hintergrund. Bemerkenswert ist, dass nach der Kadenz eine zweite Durchführung folgt, in der der Pianist das Hauptthema noch einmal dramatisch, effektvoll verarbeitet. Wie im ersten Konzert ist auch hier der langsame zweite Satz in Es-Dur auf expressiven Gesang orientiert und überrascht mit einem Ton, der sich zwischen opernhafter Kantabilität (d. h. Gesanglichkeit) und choralartiger Abgeklärtheit bewegt. Beschlossen wird das Werk mit einem spritzigen, derb-humorvollen Rondo, zu dem ein polternder Mittelteil in Moll den wirkungsvollen Kontrast bildet.

Mit dem Klavierkonzert Nr. 3 c-Moll op. 37, das zwischen 1799 und 1803 entsteht, erreicht Beethoven schon die nächsthöhere Stufe. Er verlässt die Sphäre der bürgerlich-aristokratischen Gesellschaftskunst und offenbart nun erstmals seinen individuellen Konzertstil. Wie die Klaviersonate c-Moll op. 13 – die *Pathétique* – ist das Werk von düsterer Kraft, kämpferischem **Düstere Kraft** Geist und feurigem Pathos erfüllt und erreicht im langsamen Mittelsatz eine neue Dimension romantischer Verklärung, die sich vor allem in ihrem Zauber der gesanglichen Linienführung offenbart. Bei dem Konzert handelt es sich nicht um ein Virtuosenstück, sondern vielmehr um eine Sinfonie mit konzertierendem Klavier, d. h. der Solist wird so in die musikalische Verarbeitung der Themen einbezogen, dass sich daraus ein spannender Dialog, ein Widerstreit der Ideen, entwickelt. Bereits das Hauptthema des ersten Satzes, ein machtvoller, monumentaler c-Moll-Dreiklang mit nachfolgendem Klopfmotiv, verheißt ungeheure Spannung, die im weiteren Verlauf dramatisch ausgetragen wird. Im schärfsten Kontrast dazu eröffnet der langsame Mittelsatz, ein tiefempfundenes Largo, mit einem ruhigen, Größe und Erhabenheit ausstrahlenden Klavier-Thema. Besonders durch den Tonartenwechsel nach E-Dur wird die gesangliche, feierliche Szene in ein sanftes, samtiges Licht gerückt. Auch der Schlusssatz, der mit einem provozierend aufspringenden Klavierthema beginnt, erinnert kaum noch an die früheren Konzert-Finali, sondern wird in dämonisch-aggressiver Weise fortgesponnen bis hin zur erlösenden Coda.

> »Kraft ist die Moral der Menschen, die sich vor andern auszeichnen, und sie ist auch die meinige …«
> (Beethoven in einem Brief an Nikolaus Zmeskall um 1798; BG1 1996, S. 43)

Klavierkonzert Nr. 4 G-Dur op. 58 · 1805/06

Das Vierte Klavierkonzert wird zum ersten Mal im März 1807 in einem Konzert des Fürsten Lobkowitz mit Beethoven als Pianist gespielt und erlebt am 22. Dezember 1808 am Theater an der Wien, zusammen mit der Fünften und der Sechsten Sinfonie, seine Uraufführung. Mit dem Konzert, das zu den bedeutendsten und reifsten gehört, setzt der Komponist seinen Weg zum großen sinfonischen Solokonzert fort. Nach der kämpferischen Dritten Sinfonie, der *Eroica* (1803/04), und der dramatisch-leidenschaftlichen Klaviersonate f-Moll op. 57 (*Appassionata*, 1805) folgen nun Werke, die von entspannterem, gelösterem Charakter sind, darunter die heiter-klassizistische Vierte Sinfonie und das schwärmerische Violinkonzert

Innige Lyrik (beide 1806). Das vierte Klavierkonzert, das möglicherweise von Beethovens Liebe zu Josephine Brunsvik inspiriert wird,

Werk

ist von innig-zarter Lyrik, beredter Tonsprache und einer vielfältig nuancierten Ausdrucksgeste gekennzeichnet. Dies zeigt
sich vor allem auf harmonischem Gebiet, z. B. dort, wo das
Spiel mit den Themen und Motiven in immer neue, entfern-

**Das Theater
an der Wien**

tere Tonartenbereiche vordringt und so die verträumte, fast
schon romantische Stimmung hervorgerufen wird. Wie schon
im Dritten Klavierkonzert verbinden sich auch hier das sinfonische mit dem konzertanten Prinzip: Der Solist und das
Orchester, welche die musikalischen Themen gleichberechtigt
fortspinnen, verschmelzen zu einer Einheit, und die nie dem
Selbstzweck dienende Virtuosität ist stets, d. h. auch im Verlauf dramatischer Steigerungen, in den sinfonischen Kontext
eingebunden.
Der erste Satz, von Gefühlen des Glücks bestimmt, beginnt
mit einem vom Klavier exponierten, lyrisch-versonnenen
Hauptthema, dessen Themenkopf – Tonwiederholungen mit
gebundener, vorhaltartiger Sekunde – immer wieder aufgegriffen wird. Auch die Durchführung setzt mit diesem Motiv
ein, das zusammen mit dem Orchester poesievoll, unter Einbezug immer neuer, liedhaft aufblühender Seitengedanken,
verarbeitet wird. Dabei umspielt das Klavier die Themen der
Streicher mit glitzernden Figuren, und dann wieder umgeben
die wechselnden Orchesterstimmen den Gesang des Solisten
in farbenprächtiger Weise. Im scharfen Kontrast dazu steht

der langsame, tief schwermütige zweite Satz (e-Moll), der ganz von den Gegensätzen zwischen Klavier und Orchester lebt. Den düster-fatalistischen, rezitativartig geführten Streichern folgt in immer kürzeren Abständen der Klagegesang des Soloinstruments – bis hin zu einem Aufschrei in Trillern über dem verminderten, für den Ausdruck des Schmerzes stehenden Dominantseptakkord. Besonders die Romantiker sind von dem erschütternden Satz, der zu mancherlei Deutungen anregt, fasziniert. Mit einem frischen, sich übergangslos anschließenden Rondo-Finale, in dem ein elastisch-federndes Tanzthema »Alla polacca« immer wiederkehrt, schließt das Werk.

Klavierkonzert Nr. 5 Es-Dur op. 73 · 1809

Beethovens Fünftes Klavierkonzert, ein Monumentalwerk, entsteht zu einer Zeit, in der die napoleonischen Truppen Wien besetzen. Vielleicht ist das Konzert gerade deshalb von einem derartigen Optimismus, und es ist möglich, dass der Komponist auf diese Art bekunden will, dass sich die Liebe zur Freiheit und die Kunst nicht von den Widrigkeiten des Lebens beeinträchtigen lassen. Wie in der *Eroica*, die ebenfalls in der heroischen Tonart Es-Dur steht, hat man versucht, das Konzert zu deuten, und so sieht man im ersten Satz Heldenmut, im zweiten religiöse Zusprache und im Finale Siegesbewusstsein verkörpert. Die Uraufführung findet am 28. November 1811 mit dem Gewandhausorchester in Leipzig statt.

Mit dem Fünften Klavierkonzert, das vor allem durch seine öffentlichkeitsbezogene Rhetorik fasziniert, hat Beethoven den Prototyp des großen, bravourösen Virtuosenkonzerts geschaffen. Doch der virtuose, majestätische Solopart ist nicht um seiner selbst willen so komponiert, sondern gehört zu einer sinfonischen Konzeption, in der der Solist und das Orchester die musikalische Entwicklung gleichberechtigt und nun ganz in der Euphorie des Miteinanders vorantreiben. Um dem Pathos, der Strahlkraft des Werkes gerecht zu werden, ist der Klang des Orchesters wuchtiger als je zuvor, und auch der Klaviersatz trägt schon die Merkmale des romantischen Stils, zu denen u. a. extrem schnelle Tonleitern in beiden Händen,

Majestätischer Ausdruck

Werk

Oktavläufe, rauschende Arpeggios und ein akkordischer Satz bis zur Zehnstimmigkeit gehören.

Bereits der Beginn des Kopfsatzes demonstriert Stolz, Erhabenheit und pianistischen Glanz. Nach dem flammenden Einleitungsakkord in Es-Dur setzt der Solist mit einer virtuos dahinbrausenden Kadenz ein, die von machtvollen Orchesterschlägen bestätigt wird. Erst dann folgt die Exposition mit dem aufrüttelnd schwungvollen, heroischen Hauptthema, dem im weiteren Verlauf Gedanken inniger Lyrik zur Seite gestellt werden. In der Durchführung wechseln marschartig-kämpferische Bilder mit solchen von nur schwer beschreibbarer klanglicher Poesie, und auch der Solist wartet mit immer neuen harmonischen Deutungen, »Lichtwechseln« der Themen auf, um die Ausdruckscharaktere zu verfeinern. Im Kontrast zur Bravour des Kopfsatzes ist der langsame Mittelsatz, ein Adagio im entfernten H-Dur, von tief innigem, meditativem Charakter. In seiner melodisch-rhythmischen Schlichtheit wirkt das Hauptthema wie ein weihevoller Choral, den die gedämpften Streicher über dezent gezupften Bässen vortragen, und das Klavier antwortet mit einer verhaltenen Melodie. Wie im vorherigen Konzert folgen der zweite und der dritte Satz – ein freudiges, frisches Rondo – fast übergangslos aufeinander. Auch hier verbindet sich der schwungvolle Kehraus-Charakter mit gründlicher motivisch-thematischer Verarbeitung.

Violinkonzert D-Dur op. 61 · 1806

Mit dem D-Dur-Violinkonzert, seinem einzigen, hat Beethoven den Prototyp des großen, sinfonisch konzipierten Konzerts für dieses Instrument geschaffen. Das Werk bezaubert durch seine innig-lyrische Schönheit, seine Leuchtkraft und seine vollendete klassische Ausgewogenheit. Der Komponist schreibt es für den befreundeten Wiener Geiger Franz Clement, dessen phänomenales Können das Publikum fasziniert. Zu den Vorbildern, derer sich Beethoven bedient, gehört vor allem die französische Violinschule, darunter die hochentwickelte Technik Giovanni Battista Viottis, der mit seinem Spiel in höchsten Lagen und Trillerketten brilliert. Dennoch steht

Klassische Ausgewogenheit

nicht die solistische Virtuosität im Vordergrund, sondern die Synthese von konzertanter Form und sinfonischem Prinzip. So ist das Werk konsequent durchgearbeitet, d. h., die musi-

kalischen Themen werden wie in einer Sinfonie fortentwickelt, wobei die Solo-Violine, die zwar fest integriert ist, immer wieder die Führung übernimmt. Die Uraufführung findet am 23. Dezember 1806 im Theater an der Wien statt, doch der Beifall hält sich in Grenzen, da das Publikum eines der üblichen Virtuosenkonzerte erwartet.

Bereits der umfangreiche Kopfsatz weist die wichtigsten Merkmale des reifen Beethoven'schen Konzertstils auf: die hohen Anforderungen an den Solopart, die differenzierten harmonischen Wechsel und den vielfältigen Klangfarben-Einsatz. Das ruhige, in Vierteln eröffnende Pau-

Beethoven, um 1806

kenmotiv führt zu einem schwärmerisch-aufsteigenden Hauptthema in den Holzbläsern, das später in drängender Bewegung fortgeführt wird. Auch das Seitenthema sowie ein hymnisch in die Höhe strebendes drittes Motiv stehen dem gleichmäßig schreitenden, glückselig-traumverlorenen Hauptthema nahe, bis die Solo-Violine das Wort ergreift und den Gedanken in hohe, glanzvolle Lagen führt. In der Durchführung werden die Themen, die ganz auf Zusammenführung und Verschmelzung gestimmt sind, noch einmal ausgeziert und figuriert, bis hin zur Solo-Kadenz und der letztmaligen Anstimmung des Hauptthemas. Im langsamen zweiten Satz, einer innigen, ätherisch schwebenden Romanze, konzentriert sich die musikalische Entwicklung ganz auf das Orchester. Der Satz beginnt mit einem feierlichen Marschthema, das zum großen melodischen Bogen geweitet wird, während die Solo-Violine in zärtlich figurierendem Kantilenenspiel kommentiert; im Kontrast dazu steht ein liedhaftes, nun aber in den tiefen Lagen des Solo-Instruments exponiertes Seitenthema. In der Durchführung verstärkt sich der meditative Charakter, bis die Solo-Kadenz direkt in den Schlusssatz mündet. Dieses Finale lebt nun ganz von seinem freudigen, temperamentvollen Tanzthema im 6/8-Takt, und auch die Form des Rondos ist mit seiner geradezu schulmäßigen Anlage A-B-A-C-A-B-A noch der Tradition verbunden.

Fidelio op. 72 · 1804-1814

Die Oper *Fidelio* entsteht in den Jahren 1804/05, erhält aber erst 1814, in der dritten Fassung, ihre endgültige Form. Die Handlung beruht im wesentlichen auf dem Libretto Jean Nicolas Bouillys *Leonore oder Die eheliche Liebe* und spielt in einem spanischen Staatsgefängnis des 18. Jahrhunderts: Marzelline, die Tochter des Kerkermeisters Rocco, interessiert sich seit einiger Zeit nicht mehr für ihren Verlobten Jaquino, denn seit kurzem ist der junge Bursche Fidelio, den ihr Vater als Gefängnisgehilfe eingestellt hat, in ihr Leben getreten. Doch der Fremde ist in Wirklichkeit eine Frau: Leonore, die Gattin des spanischen Edlen und Freiheitskämpfers Florestan, die sich nur hier aufhält, um ihren Mann, der hinter den düsteren Gefängnismauern schmachtet, zu befreien. Fidelio – bzw. Leonore –, die Roccos Vertrauen genießt, bittet den Kerkermeister, dass er sie in das unterste Verlies des Gefängnisses mitgehen lässt, da sie vermutet, dass sich Florestan, mit dem sie Kontakt aufnehmen will, hier aufhält. Inzwischen hat der Gefängnisgouverneur Don Pizarro, der Florestan eingesperrt hat, da er von ihm die Aufdeckung seiner eigener Missetaten fürchtet, die Nachricht erhalten, dass der Minister Don Fernando die Gefängnisse des Landes kontrollieren will und sich bereits auf dem Weg befindet. Daraufhin fasst er den Entschluss, Florestan umzubringen, und ordnet an, dass ein Trompeter vom Gefängnisturm ein Signal geben soll, sobald sich ein Wagen aus Sevilla naht. Leonore, die von Rocco informiert wird, dass ein Gefangener getötet werden soll, ist verzweifelt, da sie fürchtet, dass es sich um ihren Mann handeln könne. Zu allem entschlossen, bittet sie Rocco, die Gefangenen an die frische Luft zu führen, doch sie vermag nicht, un-

Vgl. S. 34, 38, 52, 127 u. 129

ter diesen ihren Gatten zu erkennen. Der Kerkermeister teilt ihr mit, dass sie ihn in das unterste Gefängnisverlies begleiten dürfe, um zu helfen, das Grab für den Todgeweihten auszuheben. – Der zweite Akt zeigt Florestan im Kerker, wo er sein Schicksal beklagt und in einer Halluzination glaubt, Leonore als Engel zu sehen, der ihn in die Freiheit führt. Kurz darauf

steigen Rocco und Leonore in das dunkle Verlies und beginnen, Florestans Grab auszuheben. Vergeblich versucht Leonore, das Gesicht des Gefangenen zu erkennen, und sie entschließt sich, den vom Tod Gezeichneten, wer er auch sei, zu retten. Da, endlich, erkennt sie seine Stimme, und die beiden reichen ihm erschüttert Brot und Wein. Nun naht Pizarro und zieht, sich allein glaubend, einen Dolch, um Florestan niederzustoßen. In diesem Moment springt Leonore dazwischen, gibt sich zu erkennen und hält dem Mörder die Pistole vors Gesicht: »Töt erst sein Weib!« Da erklingt das vereinbarte Trompetensignal, das die Ankunft des Ministers verkündet. Florestan wird gerettet, und die beiden Gatten fallen sich in die Arme.

Szenenbild aus dem zweiten Akt des *Fidelio*. Stich nach einem Gemälde von Eugen Klimsch

Die Oper *Fidelio* handelt vom Kampf gegen Despotenwillkür und Tyrannei, aber auch von der Gattenliebe, die sich in allgemeine Menschenliebe verwandelt. Im höheren Sinne geht es ebenfalls um das Prinzip der Befreiung und Selbstverwirklichung des Menschen, von der Friedrich Schiller und Immanuel Kant sprechen, wenn man die beiden Monologe des Stücks in Betracht zieht, in denen von der Pflicht die Rede ist.

Gegen Tyrannei

Wie kaum in einer anderen Oper stehen im *Fidelio* die moralischen Leitbilder so konsequent auf der Bühne. Die Hauptfiguren verkörpern die Ideen der Französischen Revolution:

Florestan die Freiheit, Leonore, die sich dazu entschließt, *jeden* Menschen zu retten, wer er auch sei, die Gleichheit, und der Minister Don Fernando, der ausruft: »Es suche der Bruder seine Brüder«, die Brüderlichkeit. Der Stoff zum *Fidelio* geht auf eine Begebenheit zurück, die sich in den Jahren der Französischen Revolution zugetragen hat: In Männerkleidern befreit die mutige Dame Tourraine ihren Gemahl aus dem Gefängnis der Jakobiner. Daraufhin schreibt Jean Nicolas Bouilly, der den Vorfall als Verwalter des Departements miterlebt hat, das Libretto *Leonore ou L'amour conjugal – Leonore oder Die eheliche Liebe –*, lässt es von Pierre Gaveaux vertonen und am 19. Februar 1798 in Paris uraufführen. Der Name »Fidelio« nimmt Bezug auf Shakespeares tragikomisches Romanzendrama *Cymbeline* (1608 / 09), in dem sich ein treues Weib in Männertracht Fidele nennt.

Bereits Ende 1803 hat sich Beethoven dazu entschlossen, eine Befreiungsoper zu komponieren, da ihm die Zauberopern-Texte von Emanuel Schikaneder, die damals populär sind, nicht zusagen. Auch die Libretti Mozarts, z. B. *Cosi fan tutte*, sind ihm zu frivol, da für ihn nur sittliche, erhebende Stoffe in Frage kommen. Zu diesen gehören diejenigen, welche im Geist der Französischen Revolution geschrieben sind wie etwa die Oper *Les Deux journées* (deutscher Titel: *Der Wasserträger*) des von ihm verehrten Italieners Luigi Cherubini. Die Entstehung des *Fidelio* bedarf gut eines Jahrzehnts, eine Zeit, in der das Stück tiefgreifend umgedeutet wird. In der ersten Textfassung, die von Joseph Sonnleithner stammt, bleibt die Kritik an den politischen Verhältnissen noch unberücksichtigt, und das Gattenpaar Florestan / Leonore, das auf die Hilfe Gottes vertraut, bekommt eine neue, metaphysische Dimension. Stephan Breuning, der 1805 die zweite Fassung schafft, verstärkt diese Tendenz, und erst in der dritten, aus der Feder Georg Friedrich Treitschkes stammenden Version kommt es zu der hochbedeutenden Ausweitung der »Gattenliebe« zu »umfassender Menschenliebe«.

Werkgeschichte

Mit dem *Fidelio* komponiert Beethoven eine Oper, in der die Musik den Inhalt grandios überhöht. Hier findet man das große Gefühl, die seelische Gewalt und die tragische Größe

Musikalische Umsetzung

> »Die Oper führt den wahrhaftigen musikalischen Ausdruck zu einer kaum faßbaren Höhe, und zwar den der stärksten Leidenschaften ebenso wie den der zartesten Empfindungen [...]. Die Verspieltheit jugendlicher Hoffnungen, die heldenhafte, hingebungsvolle Liebe, die Wut des Tyrannen, die Verzweiflung des Gefangenen, die Sonnenstrahlen der Freiheit, die in die Finsternis des Kerkers dringen – das sind in groben Umrissen die Empfindungen, die nacheinander in dieser Oper entwickelt sind [...].«
> (Besprechung der Londoner Erstaufführung des *Fidelio* vom 27. Mai 1832 im *Examiner*; zit. n. Cooper 1992, S. 303 f.)

einer Tonsprache, die starke Einflüsse der französischen Revolutionsmusik aufweist. Das gattungsspezifisch schwer bestimmbare Werk nimmt nicht nur Elemente der »Rettungsoper«, sondern auch der Opéra comique, der Opera seria, der Opera buffa und nicht zuletzt des deutschen Singspiels auf. Dies richtet sich vor allem nach dem Szenentyp: In den ersten Nummern, die die kleinbürgerliche Welt des Kerkermeisters Rocco und seiner Tochter präsentieren, bedient sich der Komponist noch ganz singspielhafter Partien. Doch bereits mit dem Auftritt Leonores im Quartett Nr. 3 »Mir ist so wunderbar« ist der Opera-seria-Ton des tief Innigen gefunden, wie er sich in der melodischen Sprache der heroisch Liebenden offenbart. Die große Arie Nr. 9 »Abscheulicher, wo eilst Du hin?« ist der Ausbruch einer gemarterten Menschenseele, der schließlich in den Gesang an die Hoffnung mündet. Schon zuvor, in Pizarros Rache-Arie Nr. 7 »Ha, welch ein Augenblick«, vernimmt man Töne, die der Komponist in dieser Schärfe noch nicht verwendet hat, während das erste Finale Nr. 10 »O welche Lust« seine Bedeutung von dem berühmten, erschütternden Gefangenenchor erhält. Mit den Ausrufen Pizarros im Quartett Nr. 14 »Er sterbe!«, Leonores »Töt erst sein Weib« und der Ankunft des Ministers findet das Geschehen seinen Höhepunkt – bis hin zu dem Duett Nr. 15 »O namenlose Freude«, das in immer helleres Licht geführt wird und das Werk in grenzenlosem Jubel beschließt.

Kammermusik

Beethovens weitgefächerte Kammermusik, zu der vor allem die Streichquartette, die Klaviertrios, die Klavier- und die Violoncellosonaten gehören, durchzieht alle Lebensphasen des Komponisten. Bereits in der Bonner Jugendzeit und in den ersten Wiener Jahren bis 1802 entstehen über 30 Werke, in denen er bestrebt ist, sich die damals üblichen kammermusikalischen Gattungen anzueignen und zu übertreffen. In dieser Frühphase komponiert er zahlreiche unterhaltende, noch dem älteren Divertimentostil nahestehende Stücke für Bläserbesetzung, bei denen Haydn und Mozart Pate stehen. Dabei handelt es sich um reine Gebrauchsmusik, gefällig im Ton und solide im Handwerklichen, die er für seine adligen Freunde und Gönner schreibt, z. B. das Septett op. 20 (1800), das zum Populärsten auf diesem Gebiet gehört. Dagegen ist der musikalische Anspruch in den Kammermusikwerken mit Klavier von Anfang an ein höherer. Der Grund liegt wohl nicht nur in der Tatsache, dass sich Beethoven als Pianist präsentieren will, sondern auch darin, dass sich in den 1790er Jahren der persönliche Stil des jungen Komponisten Bahn bricht und das Tasteninstrument ja über weitaus größere Möglichkeiten der Ausdrucksintensivierung verfügt als die Bläser. Die Werke, die in dieser Zeit entstehen, z. B. die drei Klaviertrios op. 1 (1793/94), sind nicht mehr dem höfisch-galanten, unterhaltsamen Musizierton verpflichtet, sondern erinnern in ihrer Tonsprache eher an ein ernstes konzentriertes Gespräch, das sich in bewusst gegensätzlicher musikalischer Thematik widerspiegelt, und das 3. Trio in c-Moll wartet sogar schon mit einem dunkel dräuenden Hauptthema auf. Doch erst in der Kammermusik für Streichinstrumente, in den zwei Streichtrios op. 3 (1794), gelangt Beethoven zu kammermusikalischer Durchgestaltung, d. h. zu Werken, deren Sätze fest umrissene Themen mit deutlich ausgeprägtem Charakter aufweisen, die in der Durchführung mit größter Konsequenz verarbeitet werden. Mit den sechs Streichquartetten op. 18, die zwischen 1798 und 1800 entstehen, ist der Höhepunkt dieser ersten Entwicklungsphase erreicht und zugleich die Basis für das spätere Quartettschaffen gelegt.

Frühphase

Vgl. S. 26

Betrachtet man die Jahre 1802 bis 1812, so wird ersichtlich, dass sich Beethoven auf das Streichquartett, das Klaviertrio und die Duosonate mit Klavier konzentriert. Obwohl die Bedeutung dieser Werke immens zunimmt, entsprechen der bekenntnishafte Charakter und die musikalische Kunstfertigkeit nicht mehr dem Geschmack des bloßen Musikliebhabers, und so bleibt das Publikum auf die Kreise des aufgeklärten Adels und des gebildeten Bürgertums beschränkt. Zu den bedeutendsten Kammermusikwerken, die in dieser mittleren Schaffensphase entstehen, gehören elf der 16 Streichquartette, darunter die *Rasumowsky-Quartette* op. 59 und das Quartett f-Moll op. 95, und dazu elf Duosonaten für Violine und Klavier, z. B. die legendäre *Kreutzer-Sonate* op. 47. Die Werke sind durch einen tiefen persönlichen Ausdruck, ungeheuere Gedankenfülle und emotionalen Reichtum charakterisiert. Die Skala der Empfindungen reicht dabei von Leidenschaft und Verzweiflung, kämpferischer Gebärde und Pathos bis hin zu der triumphalen Gewissheit, dass die finsteren Schicksalsmächte bezwungen sind. Daneben stehen aber auch inniglyrische Bekenntniswerke wie das gelöste, freundlich-heitere Streichquartett Es-Dur op. 74, das sogenannten *Harfenquartett*. Der Komponist bedient sich dabei auch einer Anzahl neuer, unkonventioneller Mittel; z. B. treten im Streichquartett op. 59 Nr. 1 an die Stelle des üblichen Themendualismus sogleich mehrere Thema-Gestalten, die in einer dramatisch zugespitzten Durchführung intensiv, d. h. kontrapunktisch, verarbeitet werden. Die Melodik ist oft schmerzlich zerklüftet und chromatisch geschärft, der Rhythmus von Synkopen geprägt und die Dynamik durch machtvolle Crescendi sowie jähe piano-forte-Wechsel gekennzeichnet.

Das Spätwerk, in dessen Mittelpunkt die letzten, 1822 bis 1826 komponierten fünf Streichquartette op. 127-135 und die Große Fuge op. 133 stehen, ist dagegen mit der Aura des Geheimnisvollen, Unergründlichen behaftet. Hier spricht der reine Herzenston, die unverstellte menschliche Selbstbekundung des Individuums. Die Werke sind von experimentellem Charakter, und so werden zahlreiche neue Strukturen erprobt. Dominierend ist die polyphone Linearität, bei der sich die

Gedankenfülle, emotionaler Reichtum

Vgl. S. 58, 61 u. 66

Aura des Geheimnisvollen

Stimmen zunehmend verselbständigen. Der Themendualismus, wie er früher vorherrscht, spielt keine bestimmende Rolle mehr, da es nun überwiegend um die Auflösung motivischer Bildungen geht, die durch ein gleichsam unaufhörliches Verändern erzielt wird.

Klaviermusik

Das Klaviermusikschaffen Beethovens nimmt innerhalb seines Gesamtwerks einen bedeutenden Platz ein. Bereits in den ersten Wiener Jahren fasziniert er das Publikum als Improvisator: Man bewundert die Ideenfülle, den Ausdruck und die Kraft des Spiels, und schon damals prägt sich der typisch leidenschaftliche, expressive Stil aus. Obwohl von Kindheit an mit dem Cembalo vertraut, komponiert Beethoven nur für Tasteninstrumente mit moderner Hammermechanik, die es ermöglicht, die Lautstärke so zu beeinflussen, dass ein hoher Grad von klanglicher Differenzierung entsteht. Betrachtet man das Klavierwerk des Komponisten, dominiert die Sonate. In ihrer stilgeschichtlichen Bedeutung ist sie der Sinfonie ebenbürtig und wird im 19. Jahrhundert oft gespielt, z. B. von Franz Liszt und Hans von Bülow. Gegenüber dem Streichquartett weist sie den höheren virtuosen Anspruch auf und vermag den Hörer direkter, persönlicher anzusprechen. Faszinierend ist, wie es Beethoven gelingt, die Fülle des Ausdrucks, die fast an Selbstdarstellung grenzt, in immer neuen Formen zu gestalten. Kaum ein Werk gleicht dem anderen, und die Palette der Gefühlsbewegungen reicht von tragischen, heroischen und sieghaften Stimmungen bis hin zu Heiterkeit, Innigkeit und stiller Versenkung. Die Emotionalität und die Bildhaftigkeit der Beethoven'schen Sonate drücken sich auch darin aus, dass man sie oft mit programmatischen Titeln versieht, z. B. *Mondscheinsonate*, *Sturmsonate* oder *Appassionata*. Um die ihm gemäße Tonsprache zu finden, bedient sich Beethoven einer Vielzahl neuer, kühner Gestaltungsmittel. So versieht er die Sonate oft mit einer langsamen, bedeutungsschweren Einleitung. Die Verbindung der Sätze wird durch die Verwandtschaft musikalischer Themen erzielt, und die traditionellen Satzcharaktere (dynamischer Kopfsatz, lang-

Moderne Hammermechanik

Vgl. S. 31 f. u. 36

samer Satz, tänzerisches Menuett und ausgelassenes Finale) treten nun in weitaus differenzierterer Art auf. Die musikalischen Themen sind prägnant, energisch, die Melodik ist durch unbändiges Vorwärtsdrängen charakterisiert, und die Harmonik lebt von jäh-unvermittelten Modulationen, die in weitentfernte Tonarten führen. Neu ist auch die Rhythmik, die von starken Akzenten und synkopischen Verschiebungen lebt, und die Dynamik zeichnet sich durch scharfe Kontraste aus. Der erste Satz ist oft durch den Themendualismus gekennzeichnet, d. h. die Spannung zweier durch Haupt- und Nebenthema verkörperter musikalischer Gedanken oder »Prinzipe«, die in der Durchführung kämpferisch gegeneinander geführt werden. Im Kontrast dazu steht der langsame Satz, der liedhaft-innigen, schwermütigen oder meditativen Charakter trägt. Dazu kommt ein derb-humoriges, mitunter dämonisches Scherzo, während sich das Finale – wiederum in Sonatenform oder rondoförmig – in den verschiedensten Charakteren präsentiert: kraftvoll-virtuos, freundlich-heiter oder tragisch-unversöhnlich. Daneben stehen jedoch auch Werke, die in ihrem Ausdruck und formal ganz anders geprägt sind.

Bereits 1782/83 komponiert Beethoven die drei *Kurfürsten-Sonaten*, die noch in der Tradition seiner Vorbilder Carl Philipp Emanuel Bach, Haydn und Mozart stehen. Doch schon in den Klaviersonaten op. 2 (1793-1795), die sich durch ganz unterschiedliche, kontrastierende Charaktere und thematische Arbeit auszeichnen, drängt das junge Genie nach dem eigenen, unverwechselbaren Stil. Drei Jahre später, 1798/99, erlangt die Beethoven'sche Klaviersonate ihren ersten Höhepunkt in der *Grande Sonate pathétique* op. 13, die in ihrer jugendlich-feurigen, andererseits feierlich-erhabenen Art zu den populärsten Sonaten des Komponisten gehört. Neu ist die Einleitung, und auch der Schlusssatz ist kein heiteres, graziöses Rondo-Finale mehr,

Beethovens letzter Hammerflügel

sondern führt die kämpferische Haltung des Kopfsatzes fort und schließt mit einer unversöhnlich-schroffen Coda.

Die mittlere Schaffensphase beginnt mit dem Zyklus der drei Klaviersonaten op. 31, von denen die sturmbewegte, aufwühlende d-Moll-Sonate die wichtigste ist. Das dualistische Prinzip, d. h. die Gegenüberstellung zweier gegensätzlicher musikalischer Themen, wird hier sehr anschaulich demonstriert und ist wegweisend für die weiteren Sonatenproduktionen. Zu den formalen Neuerungen gehören die Verbindung von Sonatenhauptsatz- und Rondoform in op. 31 Nr. 1, die Nutzung von gleichartigen bzw. ähnlichen Motiven in op. 31 Nr. 2 sowie die Übereinanderlagerung und Zusammenführung verschiedener Satzcharaktere wie z. B. Sonatenform, Rondo und Jagdstück in op. 31 Nr. 3. Zu den bedeutendsten Sonaten dieser Epoche zählen die *Waldstein-Sonate* op. 53 und die in ihrer dämonischen Leidenschaft kaum noch zu übertreffende *Appassionata* op. 57 (1805), deren Kopfsatz mit ständiger Steigerung und der Auftürmung dreier Themen arbeitet, was zu erbitterten Zusammenstößen führt.

Dualistisches Prinzip

Das Spätwerk setzt mit der Klaviersonate op. 101 (1816) ein, führt zu der *Großen Sonate für das Hammerklavier* op. 106 (1818) und endet mit den drei Sonaten op. 109-111 (1820-1822). Obwohl der Komponist nun vereinsamt, vom Leben enttäuscht ist, gelangt er dennoch zu neuer schöpferischer Kraft, die es ihm ermöglicht, seine Verzweiflung zu überwinden. Die späten Sonaten zeichnen sich vor allem durch ihre religiöse Haltung und tiefe Emotionalität aus. Zu den kompositorischen Merkmalen gehören die neue Dominanz des Melodischen, ungewöhnliche Harmonien und differenzierte Strukturen, etwa die Verbindung von Sonatenform, Fuge und freien Abschnitten.

Innerhalb des Beethoven'schen Klavierschaffens ist auch die Gattung der Variation von Bedeutung. Der Komponist schreibt zwei Dutzend solcher Variationszyklen, von denen die *33 Veränderungen über einen Walzer von A. Diabelli* op. 120 (1823) am kunstvollsten sind. Besonders hier bietet sich die Möglichkeit, von der bloßen Veränderung musikalischer Einfälle zu kontinuierlicher Fortentwicklung, zur Metamorphose

Variation

»Es ist ein erhebender Anblick, menschliche Kraft gegen ein mächtiges Mißgeschick kämpfen und siegen zu sehen. [...] Beethoven hat die Kraft gehabt, in diesem Ringen zu bestehen und ist gekräftigter und erhoben aus diesem Kampfe hervorgegangen. Je mehr sich ihm die Außenwelt verschloss, desto tiefer wandte er sich in sein Inneres zurück, desto freier machte er sich von allen Banden [...].«
(Besprechung der Klaviersonate As-Dur op. 110 von dem Musikschriftsteller Adolph Bernhard Marx in der Berliner *Allgemeinen musikalischen Zeitung* 1824, S. 87-90; zit. n. Kunze 1996, S. 368 f.)

vorzudringen. Neben der formstrengen Sonate befasst sich Beethoven auch mit der Fantasie, in der es um die freie, improvisatorische Aneinanderreihung musikalischer Gedanken geht, die von einer einzigen poetischen Idee abstammen. Dies betrifft die Klavierfantasie g-Moll op. 77 sowie die beiden Sonaten op. 27 mit dem Beinamen *Sonata quasi una fantasia*. Darüber hinaus schreibt der Komponist eine Anzahl von Bagatellen, Fantasien und Rondos, z. B. *Die Wut über den verlorenen Groschen*. Erwähnenswert ist auch die vierhändige Klaviermusik, die jedoch meist intimen, hausmusikalischen Charakter trägt.

Vokalmusik

Neben den Instrumentalwerken Beethovens spielt die Vokalmusik, darunter zwei Messen, ein Oratorium, Kantaten, kleinere Vokalwerke und Lieder eher eine untergeordnete Rolle, und nur die *Missa solemnis* (1819-1823), ist den großen Sinfonien ebenbürtig. Bereits die in den Bonner Jahren entstehende *Trauerkantate auf den Tod Kaiser Josephs II.* WoO 87 (1790) nimmt die spätere Tonsprache des Komponisten, etwa die von edlem Humanismus erfüllte Melodik, die Wucht des Ausdrucks und die Deklamatorik, vorweg. Daneben verdienen auch die 1814/15 geschriebene Kantate *Meeresstille* und *Glückliche Fahrt* nach Gedichten von Goethe sowie die beiden kantatenhaften Werke *Opferlied* op. 121 b (1824, Friedrich von Matthisson) und das *Bundeslied* op. 122 (1822, Goethe) Beachtung. Das dramatische Oratorium *Christus am Ölberge* (1803) und die künstlerisch noch gewichtigere Messe C-Dur op. 86 (1807), die im Auftrag des Fürsten Nikolaus II. Esterházy entsteht, sind dagegen schon Meilensteine, die zu der monumentalen, als Konzertmesse gedachten *Missa solemnis* führen. Zu Beethovens Vokalmusik gehören schließlich noch eine Anzahl von Liedern und Gesängen, von denen die Vertonung des Liedes *Adelaide* op. 46 (1796) von Matthisson, das gleichrangig neben den Kunstliedern Schuberts steht, und der Liederzyklus *An die ferne Geliebte* op. 98 (1816) die populärsten sind.

Christus am Ölberge op. 85 · 1803

Beethovens Oratorium *Christus am Ölberge* entsteht zu Beginn seiner »heroischen Phase« und ist seine erste Komposition über ein religiöses Thema. Das Libretto stammt von dem Wiener Singspiel- und Komödiendichter Franz Xaver Huber, doch auch der Komponist hat sich offenbar an der Konzeption des Werkes beteiligt. Der Text, eine szenische Dichtung nach dem Passionsgeschehen, schildert die Verlassenheit Jesu im Garten Gethsemane und seine Gefangennahme, wobei die sechs Teile mit je einem Accompagnato-Rezitativ beginnen und mit einer Arie, einem Ensemble oder einem Chor fortsetzen. Zu den Gesangspartien gehören Jesus (Tenor), Seraph (Sopran) und Petrus (Bass); hinzu kommen der Chor und ein großes sinfonisches Orchester. Das Oratorium *Christus am Ölberge* zeigt Beethoven auf dem Weg zu eindringlicher musikalischer Gestaltung, wie sie sich in der späteren Messe C-Dur op. 86 und der *Missa solemnis* ausprägen sollte. Bereits in der düsteren, schmerz- und pathoserfüllten Orchestereinleitung in es-Moll wird die tiefe Anteilnahme des Komponisten deutlich, und auch im weiteren Verlauf gibt es zahlreiche packende Passagen. Das Werk wird andererseits kritisiert, da es einen zu dramatisch-opernhaften, den Gefühlen der Andacht widersprechenden Charakter besitzt und der Text dramaturgische wie sprachliche Mängel aufweist.

Vgl. S. 34

Messe C-Dur op. 86 · 807

Die Messe C-Dur op. 86, komponiert in den Sommermonaten 1807, übertrifft das nur wenige Jahre zuvor entstandene Oratorium *Christus am Ölberge* bei weitem. Bereits Ende 1806 / Anfang 1807 erhält Beethoven von Fürst Nikolaus II. Esterházy den Auftrag, das Werk zur Namenstagsfeier seiner Frau Maria Josepha zu schreiben. Doch die Uraufführung, die am 13. September 1807 in Eisenstadt stattfindet, enttäuscht den Fürsten, da der Komponist mit diesem Stück die kirchenmusikalischen Konventionen durchbricht. Anders als Haydn, der die traditionelle Tonsprache und Kompositionstechnik der Messliturgie fortführt, z. B. mit Koloratur-Arien oder einer streng vorgegebenen Abfolge von Arien, Ensembles und Chorsätzen, geht es Beethoven um die freie, individuelle, mal tiefinnige, mal schmerzliche und mal dramatische Ausdeutung des Inhalts. Die Messe ist in fünf große, durchkomponierte Blöcke gegliedert, entsprechend den Teilen *Kyrie*, *Gloria*, *Credo*, *Sanctus* und *Agnus Dei*. Dabei fällt auf, dass die einzelnen Textabschnitte unterschiedlich intensiv vertont werden und die Akzentsetzung, dort, wo sie der Komponist aus inhaltlichen Gründen für notwendig hält, eine große Rolle spielt. Neu ist auch das Rollenverständnis innerhalb der Vokalpartien: Im Gegensatz zu der früheren Solo-, Chor- und Orchesterbehandlung, die zumeist auf einer klarer Aufgabenverteilung beruht, gehen die musikalischen Impulse nun ganz von den Singstimmen aus, die das musikalische Geschehen tragen. Darüber hinaus trägt auch das Orchester zu machtvoller Ausdrucksintensivierung bei, etwa mittels gewaltiger dynamischer Steigerungen oder jäher, schroffer Kontraste.

Mit der C-Dur-Messe, die aufgrund ihrer konzertant-freien Vertonung auch im Konzertsaal gespielt werden kann, be-

Fürst Nikolaus II. Esterházy (1765-1833)

ginnt die Tradition der großen, selbständigen Konzertmessen, zu denen ebenfalls die *Missa solemnis*, die Messen von Franz Schubert oder das Requiem von Johannes Brahms gehören.

Missa solemnis D-Dur op. 123 · 1819-23

Die *Missa solemnis*, bei der es sich um eine groß besetzte, an hohen katholischen Feiertagen aufzuführende Messvertonung handelt, sollte ursprünglich am 9. März 1820 zur Inthronisation des Erzherzogs Rudolph fertiggestellt werden, doch sie wird erst 1823 vollendet. Obwohl Beethoven nie beabsichtigt, mit dem Monumentalwerk den liturgischen Rahmen der Messfeier zu sprengen, hat er die Möglichkeit, das Werk im Konzertsaal aufzuführen, stets mit einbezogen. Das Stück wird deshalb auch nicht in einer Kirche, sondern in einem Konzert der Philharmonischen Gesellschaft in St. Petersburg, und dies erst am 7. April 1824, uraufgeführt. Die *Missa solemnis* richtet sich nicht nur an die christliche Gemeinde, sondern wie die Neunte Sinfonie an alle Menschen. Bereits 1818 hat Beethoven ein religiöses Werk, eine »Sinfonie in alten Tonarten« geplant, in das christliche und heidnische Elemente eingehen sollten, und auch in der Missa ist es sein Hauptanliegen, »religiöse Gefühle zu erwecken und dauernd zu machen« (BG5 1996, S. 364).

Vgl. S. 58 f., 62 u. 64

> »O Gott [,] du bist das wahre [,] ewig selige [,] unwandelbare Licht aller Zeiten und Räume. Deine Weisheit erkennet tausend u. mehr tausend Geseze [,] u. doch handelst du allezeit Frey u. zu deiner Ehre [.] Du warst vor allen was wir verehren. Dir sey Lob u. Anbethung. Du allein bist der wahrhafte Seelige [,] Du das Wesen aller Geseze, das Bild aller Weißheit [,] der ganzen Sonne gegenwärtig [,] trägst Du die Dinge.«
> (Hymne zum Lobe der Eigenschaften der Gottheit Parabrahma, die Beethoven dem Buch *Das brahmanische Religionssystem im Zusammenhange dargestellt* von Johann Friedrich Kleuker entnahm und in sein Tagebuch schrieb; zit. n. Solomon / Brandenburg 1990, S. 33 und 36)

Wer die *Missa solemnis* hört, muss sich mit einer dramatischen, packenden Musik auseinandersetzen. Mit allen Mitteln versucht Beethoven, den Textinhalt musikalisch zu illustrieren,

Gestaltung
menschlicher
Gefühle

um zu rühren, zu treffen und zu erschüttern. Dabei verdeutlicht die Musik, dass sich hinter den Texten tief menschliche Gefühle verbergen, darunter Angst, Hoffnung, Ehrfurcht und Liebe. In der *Missa solemnis* verwendet Beethoven zahlreiche, darunter auch extreme musikalische Gestaltungsmittel. Dies betrifft z. B. die hohen, schwer singbaren Solostimmen, die fast pausenlose Präsenz des Chores, das stark besetzte, voluminöse Orchester und nicht zuletzt die zeitlichen Dimensionen des Werkes mit etwa 90 Minuten Aufführungsdauer. Die Textteile *Kyrie*, *Gloria*, *Credo*, *Sanctus* und *Agnus Dei* wachsen zu gewaltigen, sich immer mehr steigernden Blöcken zusammen. Dennoch geht es hier nicht so sehr um die sinfonische Entwicklung musikalisch eingängiger Themen, sondern mehr um die höchst individuelle, szenisch-bildhafte Gestaltung jeder einzelnen Textzeile. Zu den stilistischen Merkmalen der *Missa solemnis* gehören ebenfalls die enge, unaufhörliche Verzahnung der solistischen Gesangspartien, die kunstvoll gearbeiteten Chorsätze, die sich durch differenzierte Polyphonie auszeichnen sowie die ausziselierten instrumentalen Klangfarben, die den Wortinhalt in feinster psychologischer Weise deuten. Von den musikalischen Höhepunkten, die uns in dem Werk begegnen, können nur die wichtigsten genannt werden, z. B. die gewaltige Doppelfuge im *Credo* oder das zart ausschwingende *Benedictus*, das zu den innigsten Teilen der Messe gehört. Wie spannungsreich das Werk sein kann, offenbart sich schließlich im *Agnus Dei*, in dem neben der Bitte »Dona nobis pacem« (hier nur: »Dona pacem«) auch die Gefährdung des äußeren Friedens in drohend zerstörerischer Weise erlebt wird.

Fantasie für Klavier, Chor und Orchester c-Moll op. 80 · 1808

Vgl. S. 41

Die *Fantasie für Klavier, Chor und Orchester*, eines der in seiner Anlage und Besetzung eigenartigsten Werke Beethovens, verdankt ihre Entstehung dem Umstand, dass der Komponist für die große Konzertveranstaltung am 22. Dezember 1808 noch ein wirkungsvolles Schlussstück benötigte. Das Werk bzw. dessen musikalisches Hauptthema erinnert an den

Finalsatz der Neunten Sinfonie. Bereits 1794/95 schreibt er das melodisch in Nähe der Schillerschen *Ode an die Freude* stehende Klavierlied *Gegenliebe* WoO 118 (Gottfried August Bürger), das von dem Dramatiker Christoph Kuffner (1780-1846) neu getextet wird und nun zur Vorlage für die Chorfantasie dient. Das Werk ist dreiteilig: Zu Beginn steht eine kurze, aber virtuose Klavierfantasie, die mit brillantem Skalen- und Arpeggienspiel sowie pathetischen Akkordfolgen aufwartet. Daraufhin klingt das von Solist und Orchester exponierte, oben genannte Hauptthema an, das zum Ausgangspunkt für eine Reihe ganz unterschiedlicher, lyrischer, hymnischer und schließlich kraftvoll-triumphierender Charaktervariationen wird. Erst im dritten Teil, in dem sich das musikalische Geschehen zur Kantate ausweitet, setzt der Chor mit dem Kuffnerschen Text »Schmeichelnd hold und lieblich klingen unsres Lebens Harmonien« ein, wobei sich das Ganze zu einem freudigen, emphatischen Lobgesang auf die Kunst steigert. Zu Beethovens Chorfantasie existiert noch ein moderner, dichterisch prägnanterer Text »Seid gegrüßt, laßt euch empfangen« von Johannes R. Becher (1951).

Lieder und Gesänge

Zu Beethovens Vokalschaffen gehören auch rund 80 Sololieder mit Klavierbegleitung, die ihn zum bedeutendsten Liedmeister vor Franz Schubert machen. Darüber hinaus existieren fast 200 Bearbeitungen deutsch- und fremdsprachiger, vor allem schottischer, irischer und walisischer Volkslieder. Der größte Teil der Liedtexte stammt aus Gedichtsammlungen, Werkausgaben und Almanachen, während ihm das Übrige direkt vom Autor zugesandt wird. Zu den Dichtern, die Beethoven bevorzugt, gehören Goethe, Friedrich Matthisson, Gottfried August Bürger und Christian Fürchtegott Gellert. Bereits mit *Adelaide* op. 46 (1796), nach einem schwärmerischen, von nächtlichen Naturstimmungen durchzogenen Liebesgedicht Matthissons, schafft Beethoven ein Meisterwerk, das sich durch Leidenschaftlichkeit und bildstarke Tonmalerei auszeichnet. Mit den »6 Gellert-Liedern« op. 48 (1802/03), welche für die Religiosität des Komponisten charakteristisch sind, entsteht eine zyklusartig zusammengestellte Liedsammlung, der die »6 Gesänge op. 75« (1809), darunter Goethes *Mignon*, die 8 Lieder op. 52 (daraus *Mailied*), die »3 Gesänge op. 83« nach Goethe sowie der Zyklus *An die ferne Geliebte* op. 98 (1816), der erste Liederzyklus in der Geschichte des Liedes, folgen.

Im Lied drückt Beethoven die persönlichsten Gefühle und Stimmungen aus. Gern wählt er Texte, die seinen eigenen Anschauungen und Überzeugungen entsprechen. Zu den Themen, die er bevorzugt, gehören die Liebe, die Sehnsucht, Schmerz, Glaube und Ewigkeitshoffnung. Dabei ist die Form außerordentlich vielfältig. So spannt sich der Bogen von einfachen und variierten Strophenliedern über zwei- und mehrteilige Gebilde bis hin zu solchen, die nur noch im weitesten Sinne als durchkomponiert zu betrachten sind.

Wirkung

Beethoven zu Lebzeiten: Bewunderung und Unverständnis (1795-1827)

Im Vergleich zu Mozart, der in seinem Leben nie zu den berühmtesten Komponisten gehört hat, ist Beethoven schon als Mittdreißiger weithin bekannt. Kaum 21-jährig, vor seiner Abreise nach Wien, versichert ihm der einflussreiche Graf Waldstein, dass er nun den »Geist Mozarts aus Haydns Händen« in Empfang nehmen würde. Beethovens Aufstieg beginnt 1793/94 als Pianist in Kammermusik-Konzerten und Improvisator, der in den Kreisen des Adels bewundert wird und kurz darauf die ersten Klaviersonaten und Klavierkonzerte vorstellt. Besonders die jüngeren Zuhörer sind von den Frühwerken des angehenden Genies fasziniert, und der spätere Beethovenschüler Carl Czerny schreibt: »Er wurde immer als ein ausserordentliches Wesen angestaunt und geachtet, und seine Grösse von jenen geahnet [...].« (Zit. n. Thayer 1923, Bd. 3, S. 76) Mehr als irgendein anderer Komponist verkörpert Beethoven den Typus des Künstlers – eine Figur, die später geradezu mythische Dimensionen annehmen soll. Bereits in den 1790er Jahren sieht man in ihm den kühnen Neuerer, und nach 1803, dem Entstehungsjahr der *Eroica*, kursieren sogar Begriffe wie »prometheischer Lichtbringer«, »Revolutionär« und »Menschheitsbesserer«.

Carl Czerny (1791-1857)

Und doch gibt es zwischen dem frühen Ruhm Beethovens und dem tatsächlichen Verständnis für seine Werke gravierende Unterschiede. Denn neben dem Lob, das ihm die Kritiker für seine Phantasie, sein technisches Können aussprechen, wird schon früh darüber geklagt, dass die Stücke zu schwer, zu ungewöhnlich seien. Der böhmische Komponist Wenzel Johann Tomaschek, der von Beethoven zunächst begeistert ist, berichtet über ein Konzert, das 1798 in Prag stattfindet: »Ich

Zu schwer, zu ungewöhnlich

verfolgte diesmal mit ruhigerem Geiste Beethovens Kunstleistung, ich bewunderte sein kräftiges und glänzendes Spiel, doch entgingen mir nicht seine öfteren kühnen Absprünge von einem Motiv zum anderen […]. Nicht selten wird der unbefangene Zuhörer durch sie gewaltsam aus seiner überseligen Stimmung herausgeworfen […].« (Zit. n. Kerst 1923, Bd. 1, S. 31 f.) In den folgenden Jahren werden die kritischen Bemerkungen zu Beethovens Musik noch deutlicher. Am 2. April 1800 kommt es zur Uraufführung der Ersten Sinfonie, der man zwar »sehr viel Kunst, Neuheit und Reichthum an Ideen« bescheinigt (zit. n. der Wiener *Allgemeinen musikalischen Zeitung* III, Nr. 3, 15. Oktober 1800, Sp. 49), aber man bemängelt, dass es dem Komponisten nicht gelingt, die zahlreichen Teile zu einer zusammenhängenden Melodie zu verbinden.

Auch in den Jahren 1805 bis 1810 setzt sich die Musik Beethovens noch nicht überall durch. Das konservative Publikum bevorzugt Haydn und Mozart, in deren Sinfonien, Solokonzerten und Klaviersonaten Licht, Klarheit und Einheit dominieren. Die Sätze sind zu einem leicht nachvollziehbaren Ganzen verschmolzen, die musikalischen Themen gut durchhörbar, Melodie und Harmonie scheinen ausbalanciert, und harte Übergänge werden vermieden. Demgegenüber stehen die progressiven Hörer, die die Beethoven'sche Kompositionstechnik interessant und originell finden: die melodischen Sprünge, die konflikthaften Rhythmen, die lang ausgesponnenen motivisch-thematischen Prozesse mit ihren abrupten Modulationen und harmonischen Rückungen. Doch kaum hat man sich an die »wilde«, »grelle« Zweite Sinfonie gewöhnt (zit. n. einem Konzertbericht in der Leipziger *Allgemeinen musikalischen Zeitung* VII, Nr. 14, 2. Januar 1805), **Kritik an der** präsentiert Beethoven schon die »Dritte«, die *Eroica*, in der *Eroica* die Konzertbesucher nun offenbar gar keinen sinnvollen Aufbau und Zusammenhang mehr erkennen. Die Ideenfülle hat das erträgliche Maß überschritten, führt ins Chaos, und der Kritiker des Wiener Konzerts Anfang Februar 1805 konstatiert: »Ref. gehört gewiß zu Hrn. v. Beethovens aufrichtigsten Verehrern; aber bey dieser Arbeit muß er gestehen, des Grellen und Bizarren allzuviel zu finden, wodurch die Übersicht äußerst erschwert […] wird.« (Zit. n. der *Allgemeinen musikalischen Zeitung* VII, Nr. 20, 13. Februar 1805, Sp. 321) Erst nachdem Beethoven 1808 die Fünfte und Sechste Sinfonie komponiert hat, kommt es zu einem wachsenden Verständnis für die neuen Werke, die zunehmend gespielt und veröffentlicht werden. Doch bereits 1815, nachdem sich die politischen Verhältnisse verändert haben, ist die heroische Tonsprache des Komponisten nicht mehr gefragt. Nun stehen die italienische Oper Rossinis, die Werke Carl Maria von Webers auf dem Programm sowie Stücke, die der Unterhaltung dienen. Bedeutende Kritiker, darunter der für die Wiener *Allgemeine musikalische Zeitung* tätige Amadeus Wendt, widersprechen allerdings der Meinung, dass die Musikfreunde Beethoven nicht mehr zugetan seien. Wendt schreibt in einem Essay mit dem Titel *Beethovens musikalischer Charakter*, dass es ein Kennzeichen großer Werke sei, wenn man sie erst nach dem wiederholten Anhören richtig verstehen würde. Dies bestätigt der englische Pianist und Komponist Cipriani Potter (1792-1871), der 1818 über Beethovens Musik so urteilt: »Man hört sie mit einer Aufmerksamkeit und Freude, die seine wahren Freunde und Verehrer kaum vorausahnen hätten können.« (Zit. n. Sonneck 1967, S. 108) Doch dann, 1824, präsentiert Beethoven seine Neunte Sinfonie, die nun größeres Aufsehen als je zuvor auslöst und die Zuhörer in zwei gegensätzliche Lager teilt. Der aufgeschlossene Konzertbesucher ist fasziniert von der Ideenfülle, der Gewalt, der Klangflut und den ständigen Überraschungen, und in einem Wiener Konzertbericht heißt es: »Wenn man […] die jugendliche Kraft, das ewige Feuer seiner Schöpfungen anstaunte, so stand unwillkürlich das Bild eines Vulkans vor der Seele […].« (*Der Sammler* XVI, 1824, S. 232) Dagegen fühlt sich das konservative Publikum überfordert und provoziert: »Der Meister […] bleibt, was er ist«, beklagt sich 1826 der Rezensent einer Leipziger Konzertveranstaltung, in dem die »Neunte« gespielt wird, »ein Geisterbeschwörer, dem es diesmal gefallen hat, Übermenschliches von uns zu verlangen.« (Leipziger *Allgemeine musikalische Zeitung* XXVIII, Nr. 52, 27. Dezember 1826, Sp. 853 f.)

Neunte Sinfonie

Beethoven-Pflege in Berlin – Der Weg zum Mythos (1827-1850)

Zur selben Zeit, als die Neunte Sinfonie in Wien uraufgeführt wird, beginnt sich in der preußischen Hauptstadt Berlin eine ungewöhnliche Begeisterung für die Musik Beethovens zu entwickeln. Die Ursache liegt wohl darin, dass im Jahr 1824 der Musikschriftsteller und Universitätsmusikdirektor Adolph

Bernhard Marx die Berliner *Allgemeine musikalische Zeitung* gründet und sich vornimmt, das Musikleben zu reformieren. Zu Marx' Bestrebungen gehört es, die bedeutendsten Klassiker Bach, Haydn, Mozart und Beethoven aufzuführen, und er versucht, das Publikum mit musikalischen Werkbesprechungen zu interessieren. Im Zentrum der Initiative steht jedoch die Förderung der Werke Beethovens, die nach seiner Meinung den Maßstab für Ideentiefe und geistige Größe setzen. In den folgenden Jahren breitet sich die Beethoven-Faszination über ganz Norddeutschland aus

Adolph Bernhard Marx (1795-1866)

und dringt von dort über die Grenzen bis nach Frankreich. In der *Allgemeinen musikalischen Zeitung* werden zahlreiche neu publizierte Werke des Komponisten rezensiert. Bereits 1824, zur Uraufführung der »Neunten«, schreibt Marx die Aufsatzserie »Etwas über die Symphonie und Beethovens Leistungen in dem Fach«, und auch die beiden Klaviersonaten op. 109 (1820)/op. 110 (1822) werden in umfangreichen Artikeln gewürdigt.

Wie das Publikum, so reagieren auch die Komponisten ganz unterschiedlich auf die Musik Beethovens. Die Zweifel, ob man nach diesem »überhaupt noch etwas machen« könne, überkommen Franz Schubert, der seinem Freund Joseph von Spaun gesteht: »Ich werde nie eine Symphonie komponieren! Du hast keinen Begriff davon, wie unsereinem zumute ist, wenn er immer so einen Riesen […] hinter sich marschieren

Berlioz, Liszt, Wagner

hört.« (Kalbeck 1908, S. 165) Mit Begeisterung nimmt Hector Berlioz die Dritte und die Fünfte Sinfonie in Paris auf, nennt sie Ideenkunstwerke, denen ein poetisches Programm zugrunde liege und lässt sich durch die »Sechste«, die *Pastorale*, zu seiner *Symphonie fantastique* inspirieren. Die Fähigkeit Beethovens, »etwas Bestimmtes« auszudrücken, ist auch von Franz Liszt und Richard Wagner betont worden. Beethoven ist für sie der Begründer einer Epoche, in der die Musik viel intensiver als bisher »Geist und Empfinden, Leben und Ideal einer Gesellschaft widerspiegeln würde« (Liszt 1880, Bd. 1, S. 163). Besonders Wagner ist von ihm fasziniert und schreibt in seiner Abhandlung *Das Kunstwerk der Zukunft* (1849) über die Neunte Sinfonie: »Die […] Symphonie ist die Erlösung [der Musik] aus ihrem eigenen Elemente heraus zur allgemeinsamen Kunst.« (Wagner 1849, S. 103 f.) Beethovens »Neunte« fasziniert nun immer mehr, und die Geschichte ihrer Deutungen beginnt. Wie in der *Eroica*, die den Helden der Französischen Revolution besingt, so projiziert man in den Jahren 1838 bis 1848, die zur Märzrevolution führen, freiheitlich-revolutionäre Ideen in die Sinfonie. Hiervon kündet z. B. die Novelle *Das Musikfest oder die Beethovener* (1838) des Dramatikers Wolfgang R. Griepenkerl, der die »Neunte« als ein Werk sieht, in dem sich die politischen Menschheitskonflikte widerspiegeln, und der namhafte Musikkritiker Franz Brendel, der 1843/44 in Dresden musikhistorische Vorlesungen hält, schreibt, dass er sie mit »allen Fragen der Zeit« assoziieren könne: »Das Ideal der Zukunft ist diese rückhaltlose, unbedingte Hingabe an die Menschheit«, Beethoven habe »prophetisch ausgesprochen, wonach das Jahrhundert ringt, ein Himmelreich auf der Erde (vgl. Ulm 2009, S. 259)«.

Die »Neunte« setzt sich durch

»So ist also die Kunst nicht mehr das Armsünderglöckchen eines vereinzelten Individuums, sondern die große Glocke der Nationen, welche durch die Jahrhunderte hallt, und das weltliche Evangelium verkündet: weltlich deshalb, weil es die Weltgeschichte ist, deren Konflikte die Kunst darstellen soll: Evangelium deshalb, weil es die ewigen göttlichen Ideen sind, die sich aus jenen Konflikten wie in der Weltgeschichte, so auch in der Kunst absondern […].«
(Zit. n. Otto Sievers, *Robert Griepenkerl, der Dichter des Robespierre*; Sievers 1879, S. 22)

Nicht nur Franz Grillparzer, sondern auch andere Zeitgenossen sehen nun Beethoven an der Spitze einer Klassiker-Pyramide, zusammen mit Haydn und Mozart. Doch man sieht ihn auch als Romantiker, der sich den klassischen Idealen Mozarts, »Schönheit«, »Mustergültigkeit« und »Zeitlosigkeit«, nicht beugt, sondern kompromisslos in neue Bereiche der Tonkunst vorstößt, keine klangliche Härten scheut und damit die Grenzen zwischen idealer Form und gestalterischer Willkür durchbricht. In dieser Zeit taucht zum ersten Mal der Begriff vom »Künstler als Held« auf. Das »Heldenhafte« in Beethoven sieht man z. B. in seiner Charakterstärke und Unabhängigkeit, seinem Leidensweg sowie dem unbeirrbaren Eifer, Schmerz durch künstlerische Tätigkeit zu sublimieren. Das »Heiligenstädter Testament«, der Brief an die »Unsterbliche Geliebte« oder die phantasievollen Erzählungen über Beethoven von Bettina Brentano führen schließlich zu dem »Mythos Beethoven«, der sich immer mehr ausbreitet. Auch der Dichter E. T. A. Hoffmann, der bereits 1810 über Beethoven schreibt, sieht ihn als den ersten Romantiker und lässt sein tiefes subjektives Empfinden, das Streben nach dem Großen, Erhabenen und die überdimensionalen Strukturen als Verkörperung des romantischen Geistes erscheinen.

Das »Heldenhafte«

Ferdinand Ries (1784-1838)

Bedauerlich ist, dass sich die Hoffnung Beethovens auf eine gute Biographie zunächst nicht erfüllt. Der Buchhändler und Verleger Johann Aloys Schlosser veröffentlicht 1827 die erste Lebensbeschreibung: *Ludwig van Beethoven. Eine Biographie desselben mit den Urtheilen über seine Werke*, die jedoch nicht mehr als eine kurze, fehlerhafte Abhandlung darstellt. Etwa ein Jahrzehnt später, 1838, publizieren Beethovens Jugendfreunde Franz Gerhard Wegeler und Ferdinand Ries die *Biographischen Skizzen über Ludwig van Beethoven*, die nun immerhin schon zum unentbehrlichen Grundbestand der Beethoven-Biographik gerechnet werden müssen. Dies trifft auch für die *Biographie Ludwig van Beethovens* von Anton Schindler (1840)

zu, bei der es sich jedoch eher um eine Sammlung von Dokumenten, Anekdoten und Erinnerungen handelt, die in ihrer
Überlieferung alles andere als zuverlässig sind.

Die Kontroverse um Beethovens »Neunte« – Beethoven in Literatur, Kunst und Wissenschaft (1850-1890)

Die dritte Phase der Beethoven-Rezeption beginnt um 1850
mit einer Kontroverse um die Neunte Sinfonie, zu der sich unterschiedliche, für die Entwicklung der Sinfonik des 19. Jahrhunderts bedeutende Positionen herausbilden. Bereits Ludwig
Tieck und Wilhelm Heinrich Wackenroder, die den romantischen Musikbegriff prägen, definieren den Wert der Instrumentalmusik, deren höchste Form die Sinfonie ist, so, dass sie
in eine von der Wortsprache freie, unabhängige »poetische«
Welt führe. Auch der Musikkritiker Eduard Hanslick, der 1854
die Schrift *Vom Musikalisch-Schönen* veröffentlicht, schließt
sich der These an und erklärt, er bevorzuge die instrumentale,
die sogenannte absolute Musik gegenüber der vokalen, da sie
dem Wesen der Musik am nächsten käme. Mit dieser Ansicht
aber, die auch andere, vor allem konservative Komponisten
und Musikfreunde überzeugt, ist die berühmteste Beethoven-
Sinfonie, die »Neunte«, die im Finale erstmals das Wort ge-
braucht, nicht mehr vereinbar. Für Wagner, der die neue, von
literarischen Sujets inspirierte Programmmusik proklamiert,
ist die »Neunte« der Beweis dafür, dass die absolute Musik,
die Gattung »Sinfonie«, ihren Höhepunkt überschritten habe
und nun veraltet, nicht mehr von Interesse sei. Die Beethoven'sche *Ode an die Freude* lobt er als »Kühnheit«, und in der
Schrift *Das Kunstwerk der Zukunft* heißt es: »Rüstig warf er
[Beethoven] den Anker aus, und dieser Anker war das Wort.«
Der Streit, ob künftig die absolute oder die Programmmusik
dominieren solle, verschärft sich in der zweiten Hälfte des 19.
Jahrhunderts, und in den Musikzeitschriften debattiert man
darüber, ob man nach Beethoven, der die klassische Epoche ja
vollendet habe, überhaupt noch absolute Musik komponieren
könne. Doch während Wagner das Musikdrama voranbringt
und Liszt sinfonische Tondichtungen schreibt, sind nun schon
Johannes Brahms und Anton Bruckner dabei, ihre ersten Sin-

Absolute Musik, Programmmusik

fonien zu schreiben, d. h., das Genre Sinfonik fortzuführen. Besonders Brahms, der die Forderungen Liszts und Wagners ignoriert und sich zu einem leidenschaftlichen Bewahrer der absoluten Musik entwickelt, eifert Beethoven in der Entfaltung und Verdichtung der musikalischen Arbeit nach.

Der Streit zwischen den Vertretern der absoluten Musik und den »Neudeutschen« Liszt und Wagner verhindert jedoch nicht, dass sich die Popularität Beethovens auch weiterhin vergrößert. Hiervon künden z. B. auch die Romane und Erzählungen, die im 19. Jahrhundert entstehen. Zu den ersten Publikationen gehört das 1836 in Leipzig erschienene Buch *Beethoven. Eine phantastische Charakteristik* von dem deutschen Dichter des Vormärz Ernst Ortlepp. In der ersten Geschichte, »Beethovens erste Liebe«, wird der Komponist als weltfremd-exaltierter, romantischer Künstler gezeigt, der die Gesellschaft in ihrem vordergründigen Philistertum verachtet und der an einer unglücklichen Liebe leidet, die an den Standesunterschieden sowie der Unfähigkeit der Menschen, die Ungewöhnlichkeit eines Genies zu begreifen, scheitert. Dagegen geht es in der Erzählung des jungen Richard Wagner *Eine Pilgerfahrt zu Beethoven* (1840) um die Neunte Sinfonie. Auch hier wirkt Beethoven düster, unglücklich, was mit der Taubheit begründet ist, die zugleich aber wie die körperliche Manifestation des isolierten Künstlers erscheint. Deutlicher als bei Ortlepp kommt jedoch die Gewissheit des Meisters zum Ausdruck, künstlerisch auf dem richtigen Weg zu sein. In den 1850er Jahren publiziert die Schriftstellerin Elise Polko die Erzählung *Ludwig van Beethoven*. Die Handlung beginnt damit, dass der junge, 22-jährige Ludwig vor seiner Abreise nach Wien mit seiner Mutter und der Großmutter zusammensitzt und erklärt, dass »das höchste, strahlendste Geschenk der Götter [...] die schöpferische, nie versagende Kraft« sei (Polko 1852, S. 129). Auf diese Weise entsteht das Bild des »Titanen« Beethoven, der sich gegen die Schicksalsmächte auflehnt: »die, die ihn erkennen, anstaunen [...], vernehmen wohl den Schrei der Verzweiflung, der so oft seine gigantischen Schöpfungen geisterhaft durchbebt und unsre Seele so mächtig erschüttert« (ebd., S. 132 f.). Zu den

Romane,
Erzählungen

bedeutendsten Beethoven-Erzählungen dieser Zeit gehört schließlich die *Kreutzersonate* von Leo Tolstoi (1891), die trostlose Lebensgeschichte Vasilij Pozdnysevs und seiner nur auf Sexualität gründenden, inhaltsleeren und von zunehmender Gleichgültigkeit, Gereiztheit und Hass erfüllten Ehe, die am Ende zum blindwütigen Eifersuchtsmord führt. Tolstoi, damals 60-jährig, setzt sich hier mit den Fragen der Ehe- und Geschlechtsmoral auseinander, nicht ohne darin auch ein Sittenverderbnis seiner Zeit zu sehen.

Beethoven/ Kreutzer-Sonate. Ölgemälde von Lionello Balestrieri, 1900

Doch das im 19. Jahrhundert entstehende Beethoven-Bild entspricht nicht dem wirklichen, historisch verbürgten Beethoven, sondern gründet, zumindest teilweise, auf dem sich nun immer mehr ausprägenden Mythos. Bestimmte Momente innerhalb seines Lebens sind geradezu dafür prädestiniert, das Bild des leidenden, kämpfenden Menschen wachzurufen, wenn man z. B. an das in tiefster Verzweiflung geschriebene Heiligenstädter Testament oder an die Worte »Ich will dem Schicksaal in den rachen greifen […]« (BGI 1996, S. 89) denkt. Auch die Werke Beethovens tragen zur Mythenbildung bei, etwa die *Eroica*, die Neunte Sinfonie oder die leidenschaftlichen Klaviersonaten *Pathétique* und *Appassionata*. Bereits Franz Grillparzer appelliert in seiner Grabrede an die »Hinterblicbenen«, sich als Repräsentanten der deutschen Kulturnation zu fühlen, welche nun einen ihrer Größten

Mythos Beethoven

verloren habe. Dagegen ist Beethoven für E. T. A. Hoffmann derjenige, der die menschlichen Leidenschaften am souveränsten zum Ausdruck bringe, und in der Fünften Sinfonie sieht er ihn als Herrscher über die Räume der Seele. Mit Begeisterung äußert sich auch Romain Rolland über Beethoven – eine Faszination, die er inzwischen mit dem gesamten deutschen, ja

> »So öffnet uns auch Beethovens Instrumental-Musik das Reich des Ungeheueren, Unermeßlichen [...], bewegt die Hebel des Schauers, der Furcht, des Entsetzens, des Schmerzes, und erweckt jene unendliche Sehnsucht, die das Wesen der Romantik ist.«
> (E. T. A. Hoffmann über Beethovens Instrumentalmusik; zit. n. Hoffmann 2003, Bd. 1, S. 534)

europäischen Bildungsbürgertum teilt. Dies sieht in dem Komponisten eine Identitätsfigur, dessen Werk die faustische Gedankenwelt verkörpere, d. h. die Suche nach Wahrheit, die Auseinandersetzung mit dem Schicksal, Leid, Überwindung und geistige Erkenntnis. Vor allem aber bietet die Musik Beethovens den Sieg, ohne den er nicht zum Heros, zu einem Held an Charakterstärke, Unabhängigkeit und unbeirrbarem künstlerischen Eifer geworden wäre. Die Verehrung für Beethoven kommt auch in zahlreichen, im Verlauf des 19. und 20. Jahrhunderts geschaffenen Monumenten, darunter Denkmäler, Büsten, Reliefs und Porträts, zum Ausdruck. Das erste Beethoven-Denkmal, die 1845 in Bonn errichtete Plastik von Ernst Julius Hähnel, zeigt den Komponisten auf einem hohen, mit Reliefs dekorierten Sockel stehend. Das berühmteste Denkmal der zweiten Hälfte des 19. Jahrhunderts von Caspar Clemens von Zumbusch (1880) steht dagegen im Stadtzentrum von Wien und demonstriert die fortschreitende Tendenz der Heroisierung. Das wohl bedeutendste Kunstwerk stellt jedoch die monumentale Statue *Beethoven* (1902) von Max Klinger dar, die sich im Leipziger Bildermuseum befindet und ein Urbild an Kraft, Konzentration und Entschlossenheit verkörpert.

Denkmäler

Das Bonner Beethoven-Denkmal von Ernst Hähnel, 1845

Das im späteren 19. Jahrhundert zunehmende wissenschaftliche Interesse an Beethoven zeigt sich darin, dass nun endlich die ersten bedeutenden Biographien erscheinen. Bereits 1845 beschäftigt sich der in Boston geborene Musikgelehrte Alexander Wheelock Thayer mit der Erforschung von Beethovens Leben und stellt das unzuverlässige Porträt Schindlers in Frage. Die ersten drei Bände der fünfbändig geplanten Biographie *Ludwig van Beethovens Leben* entstehen von 1866 bis 1879, wobei sich Thayer zum ersten Mal auf die korrekte Darstellung der Tatsachen, unter Verwendung der damals zugänglichen Dokumente, konzentriert. Das Werk, welches zunächst unvollendet bleibt, erscheint in deutscher Bearbeitung von Hermann Deiters, der die Arbeit nach den Notizen und einer umfangreichen Materialsammlung seines Vorgängers fortsetzt. Doch erst Hugo Riemann, einer der Begründer der deutschen Musikwissenschaft, vermag das Ganze komplett, d.h. in fünf Bänden, vorzulegen. Ähnlich verfährt der Musikgelehrte Ludwig Nohl, der zeitlich fast parallel – zwischen 1864 und 1877 – die dreibändige Biographie *Beethovens Leben* publiziert. Zu Nohls Verdiensten gehört es, dass er auch die Musik ausführlich bespricht, während kulturgeschichtliche und ästhetische Vorurteile den Wert der Abhandlung wiederum mindern.

A. W. Thayer

Distanz und Vereinnahmung (1890-1945)

Mit dem Beginn der Epoche des Fin de Siècle wird das romantische Beethovenbild in Frage gestellt, und schon 1914 stehen die politischen Geschehnisse im krassen Widerspruch zu den humanistischen Idealen der Vergangenheit. Die seelische Erschütterung, die der Erste Weltkrieg auslöst, ist groß, und es beginnt eine Zeit der Ernüchterung. In der Musikliteratur wendet man sich mehr und mehr von der Glorifizierung Beethovens ab. Dies bezeugt z.B. eine Umfrage, die 1927 an junge Musiker gerichtet ist und aus der hervorgeht, dass der Komponist für die neue Generation fast bedeutungslos geworden ist (veröffentlicht in: *Zeitgemäßes in der Literarischen Welt*, Stuttgart 1963, S. 89 ff.) und dass, wie Kurt Weill konstatiert, von einem direkten Einfluss nicht mehr die Rede sein

Ende der Glorifizierung

kann. Führende Tonkünstler distanzieren sich von Beethovens »Legende seines Lebens« (Maurice Ravel), den »Quellen seiner Gefühlsinhalte« (Weill) und dem »Gegenstand seiner Musik«. In diesem Zusammenhang ist auch der 1922 veröffentlichte Aufsatz des deutsch-italienischen Komponisten Ferruccio Busoni »Was gab uns Beethoven?« interessant, der den »göttlichen« Mozart gegen den »nur menschlichen« Beethoven ausspielt und darüber hinaus fragt, »ob es die Aufgabe der Musik sei, menschlich zu sein, anstatt rein-klanglich und schön-gestaltend zu bleiben«. (In: *Die Musik* XV, Heft 1, Oktober 1922). In Frankreich heißt es sogar, dass Beethoven »in seiner Art nie etwas Vollkommenes, Erstklassiges war« und dass nur die »Kinder […] seine Sonaten spielen« sollten, »so wie wir alle einmal wundervolle Indianerbücher […] gelesen haben« (Georges Auric). Der Problematik, die Musik Beethovens zu deuten, entgeht man auch dadurch, dass man sie nur auf das Kompositionstechnische reduziert. Bereits Igor Strawinsky polemisiert gegen das musikalisch Inhaltliche in der Beethoven'schen Musik und lobt statt der »überspannten Schwärmerei, des »berühmten ›Weltschmerzes‹« die »Präzision, mit der er seine Gedanken ausdrückt«, »wie vollendet er das Instrument beherrscht«, und »daß hier eine Kraft am Werke sei, die konstruktive Ordnung schaffen will (Strawinsky 1957, S. 111 ff.)«. Und wenn der Musiktheoretiker Heinrich Schenker 1912 seine Beschreibung des Formverlaufs der Neunten Sinfonie veröffentlicht, so geschieht dies, um das Augenmerk auf die musikalische Logik des Notentextes zu lenken und die inhaltliche Interpretation zu ignorieren. Nicht anders geht der Komponist Arnold Schönberg in seinen Werkbetrachtungen vor und spricht 1931 in einem Rundfunkvortrag davon, Beethoven habe ihm in erster Linie die »Kunst der Entwicklung der Themen und Sätze sowie die Kunst der Variation« beigebracht.

Doch im Gegensatz zu aller Kritik, zu allen Neubewertungen, denen Beethoven ausgesetzt ist, spielt man seine Werke in den 1920er Jahren so häufig wie seit langem nicht mehr. Bedeutende Dirigenten wie z. B. Wilhelm Furtwängler und Bruno Walter nehmen in fast jedes ihrer Konzerte eine Beethoven-

Sinfonie auf, der *Fidelio* wird neu inszeniert, und selbst die Solistenabende, die Kammermusikveranstaltungen sind ohne die Werke Beethovens unvorstellbar. Daneben setzt sich nun auch die Musikwissenschaft mit Beethoven auseinander und stellt sich das Ziel, ein von aller Glorifizierung befreites Beethoven-Bild zu schaffen. Dabei gelingt es, den Komponisten erstmals aus seiner Zeit, in kritischer Auseinandersetzung mit der Geschichte zu verstehen und die Irrtümer, Übertreibungen, Verzeichnungen und Verfärbungen in Bezug auf seine Persönlichkeit abzutragen.

Kritische Auseinandersetzung

Betrachtet man die Wirkungsgeschichte Beethovens, so fällt auf, dass die Musik des Komponisten oft zu politischen Deutungen anregt. Immer wieder kommt es zur Vereinnahmung seiner Werke, besonders in Kriegszeiten und in Phasen gesellschaftlicher Umwälzungen. Bereits die Feier seines hundertsten Geburtstags und die kriegerischen Auseinandersetzungen mit Frankreich in den Jahren 1870 / 71 führen kurz vor der Gründung des Deutschen Reichs zu militanten Ausfällen gegen den »Erbfeind«, in denen Beethoven im Kampf gegen die

Vereinnahmung

Applaus für Hans von Bülow anlässlich der Umwidmung von Beethovens *Eroica* in eine »Bismarck-Symphonie«. Karikatur, 1892

französische »Unkultur« beschworen wird. So heißt es z. B. in einem Artikel der *Bonner Zeitung* vom 17. Dezember 1870: »Nicht ohne Beschämung haben wir zu bemerken Gelegenheit, wie tief der Geschmack eines Theils der Bevölkerung von der Pariser Unsittlichkeit infizirt ist, wie lang und entschieden diese Meyerbeer, Gounod, Offenbach unsere Bühnen beherrschten. […] Wo sich aber auch dort in kleinerm Kreise das Bedürfnis nach Edlerem und wahrhaft schönem Grund gab, da war es niemand anders als Beethoven, bei welchem man fand, was man suchte […].« Gut zwei Jahrzehnte später, 1892, erregt der Pianist, Dirigent und Bismarck-Verehrer Hans von Bülow Aufsehen, als er bei einem Konzert in der Berliner Philharmonie dem Reichskanzler Otto von Bismarck die *Eroica* »neu« widmet und ausruft: »Wir Musikanten mit Herz und Hirn […], wir weihen und widmen heute die heroische Symphonie von Beethoven dem größten Geisteshelden, der seit Beethoven das Licht der Welt erblickt hat. Wir widmen sie dem Bruder Beethovens, dem Beethoven der deutschen Politik […]!« (Marie von Bülow, Band 8, Leipzig 1908, S. 381) Bismarck selbst soll beim Anhören der *Appassionata* gesagt haben: »Wenn ich diese Musik oft hörte, würde ich immer sehr tapfer sein.« Dies wird dann auch im Ersten Weltkrieg zitiert (nach Adolph Kohut, *Bismarcks Verhältnis zur Musik*, in: *Die Musik* XIV, 1914 / 15, S. 200), und es ist bekannt, dass die Musik Beethovens damals zum Ansporn diente. Das weiß auch der Berliner Universitätsprofessor Hermann Abert, der noch im Jahr 1926 versichert, dass die Dritte, die Fünfte und die Neunte Sinfonie, diese drei »Kampf- und Heldensinfonien, während des Krieges in den Tornistern unserer Feldgrauen zu finden waren«. (So im Vorwort zu: Hugo Riemann, *L. van Beethovens sämtliche Klavier-Solosonaten*, Bd. 1, 2, Berlin 1919)

National-sozialismus Die krasseste Form der Beethoven-Vereinnahmung stellt jedoch diejenige der Nationalsozialisten dar, denen es gelingt, an dem traditionellen Beethoven-Bild, den Vorstellungen von Heroismus, Kampf und siegreicher Überwindung anzuknüpfen. Die Werke des Komponisten werden zum Synonym für deutsche Kultur und »deutsches Wesen«, vor allem die Dritte, die Fünfte und die Neunte Sinfonie, ja sogar die Oper *Fidelio*. Beethovens Musik wird zu nationalsozialistischen Großveranstaltungen gespielt und ist im Rundfunk zu hören, z. B. als im Januar 1934 die Sinfonien weltweit übertragen werden. Bereits

> »Fidelios Siegesfinale ist eine Prophetie, eine Vorahnung, fast möchte man sagen eine Vorwegnahme des Aufbruchs der Nation im deutschen Reich des 20. Jahrhunderts. […] Gleichlaufend mit der Handlung des Stückes erlebte man noch einmal die einzelnen Phasen und den endgültigen Sieg der nationalsozialistischen Revolution. Es war eine erhebende Dankesfeier […].«
> (F. Bayer, *Generalfeldmarschall Göring in der Staatsoper. »Fidelio«, künstlerisches Symbol der Befreiung*, in: *Völkischer Beobachter*, Ausgabe Wien, 28. März 1938)

im Beethoven-Jubiläumsjahr 1927 schreibt der Vordenker der NSDAP, Alfred Rosenberg, in der Nazi-Presse: »Wer begriffen hat, welches Wesen in unserer Bewegung wirkt, der weiß, daß ein ähnlicher Drang in uns allen lebt, wie der, den Beethoven in höchster Steigerung verkörperte.« Sieben Jahre später, 1934, schreibt Walther Rauschenberger, der über Abstammung und Rassenzugehörigkeit publiziert, in der Zeitschrift *Volk und Rasse* über Beethoven: »Nordisch ist vor allem das Heroische, das Heldische seiner Werke […]. Es ist bezeichnend, daß heute in einer Zeit nationaler Erneuerung Beethovens Werke am meisten gespielt werden […]« (W. Rauschenberger, *Rassenmerkmale Beethovens und seiner nächsten Verwandten*, in: *Volk und Rasse* 9, 1934, S. 194-203) Und als Deutschland über die europäischen Länder herfällt, wird betont, dass Beethoven, dieses »Sinnbild des kämpferischen, germanischen Menschen«, natürlich auch »kriegerische« Musik komponiert habe (H. Unger, *»Wenn ich Beethoven höre, werde ich tapferer«. Eine Untersuchung über das Thema Kriegsmusik*, in: *Deutsche Militär-Zeitung* 64, 1942, S. 105-107).

Beethoven im geteilten Deutschland – Belletristik, Film und Tonträger (ab 1945)

Obwohl sich im 20. Jahrhundert eine Entmythisierung Beethovens vollzieht, bleibt das Ansehen des Komponisten auch nach 1945 ungeschmälert. Wie immer spielt man seine Werke, und in Bonn kommt es 1959 zur Eröffnung einer neuen Konzerthalle, die den Namen des Künstlers trägt. Zwölf Jahre später, 1971, beschließt die Europäische Union, die »Freudenmelodie« aus der Neunten Sinfonie zu ihrer Hymne zu machen. Und 1977 nehmen die Raumfähren Voyager 1 und 2 eine vergoldete Kupferschallplatte mit dem ersten Satz der Fünften Sinfonie mit ins All, um dort möglicherweise die erste Verbindung zu außerirdischen Zivilisationen herzustellen.

Bereits in der Mitte des 19. Jahrhunderts spielt die Interpretation der Werke Beethovens eine große Rolle. Der Klaviervirtuose Franz Liszt wird zu einem der bedeutendsten Beethoven-Förderer, sowie Richard Wagner, der die Beethoven'schen Sinfonien dirigiert und dabei Instrumentierung, Dynamik und Tempi ändert. Doch auch nach dem Zweiten Weltkrieg stellt die Aufführung der Sinfonien eine unwiderstehliche Herausforderung für die Dirigenten dar. Schon Ende der 1940er Jahre entstehen zwei Produktionen der Fünften Sinfonie, die in ihrer Gegensätzlichkeit unterschiedliche Traditionslinien, ja Prototypen, verkörpern: die eine von Wilhelm Furtwängler mit den Berliner Philharmonikern und die andere mit Arturo Toscanini und dem NBC Symphony Orchestra. Furtwängler entspricht mit seiner Interpretation der tragisch-pathetischen Deutung des Werkes als »Schicksalssinfonie«. Die Tempi sind breit und langsamer als die von Beethoven vorgegebenen, wobei das Ganze machtvoll, kompakt, massig wirkt. Dagegen geht Toscanini von den schnelleren Tempovorgaben des Komponisten aus und gelangt so zu einem brillanten, klanglich schlanken Spiel mit einem vielschichtigeren, aufgehellten Satzbild. Kurz darauf folgt die erste große Schallplatten-Einspielung mit Bruno Walter und dem New York Philharmonic Orchestra, welche die Spielart Furtwänglers fortführt, während Herbert von Karajan (mit den Berliner Philharmo-

Furtwängler, Toscanini

nikern) und Hermann Scherchen (Wiener Philharmoniker) eher von Toscanini inspiriert sind.

In den Nachkriegsjahrzehnten wird auch die Fachliteratur über Leben und Werk des Komponisten, über Stilfragen, analytische und ästhetische Aspekte immer umfangreicher. Die Konversationshefte werden kommentiert herausgegeben, und auch die edierten Skizzen sowie Briefe stellen wertvolles Material zur weiteren Forschung dar. Zu den bedeutendsten neueren Biographien gehört die von Maynard Solomon (1977), deren psychoanalytische Ansätze allerdings umstritten sind. Daneben gibt es zahlreiche Detail-Abhandlungen zu Beethovens Leben, wobei die Frage, wer die »Unsterbliche Geliebte« sei, immer noch diskutiert wird. Bereits 1817 beginnt der Wiener Musikverleger Tobias Haslinger, eine exzellente Abschriften-Sammlung der Werke Beethovens in 61 Bänden herzustellen, die später zur Grundlage der seit 1961 erscheinenden Neuen Beethoven-Gesamtausgabe wird. Das Projekt, welches von der Forschungsstelle des Beethoven-Hauses Bonn herausgegeben wird, nimmt Beethovens gesamtes vollendetes Schaffen auf, darunter Frühfassungen, authentische Bearbeitungen und die größeren Fragmente. Das Interesse an Beethoven zeigt sich auch darin, dass 1970, zum 200. Todestag, und 1977 (zum 150. Geburtstag) in Bonn, Ostberlin, Wien und Chapel Hill / USA musikwissenschaftliche Kongresse stattfinden.

In der Zeit, als die beiden deutschen Staaten existierten, entwickelt sich auch eine unterschiedliche Beethoven-Rezeption. Die Bundesrepublik ist bestrebt, ein wissenschaftlich fundiertes, differenziertes Beethoven-Bild zu schaffen, wobei die zahlreich erscheinenden Publikationen wertvolle Beiträge liefern. Daneben stehen die Meinungen einzelner, z. B. die Auffassung Theodor W. Adornos, für den die Musik Beethovens der »vertonte Weltgeist« ist, die Theorie vom »maskulinen« Beethoven, dessen Werk insbesondere von seiner kraftbetonten Männlichkeit lebe u. a. Distanziert gegenüber der Beethoven'schen »Ideenmusik« geben sich die Vertreter der Neuen Musik, die »Außermusikalisches« innerhalb eines Musikstücks größtenteils negieren. Doch im Unterschied zur

Differenziertes Beethoven-Bild

Beethoven-Rezeption der Bundesrepublik, in der man sich mit der Meinung vieler auseinandersetzt, kommt es in der DDR zu einer staatlich reglementierten, im Rahmen der verordneten »Aneignung des klassischen Erbes« zu verstehenden Beethoven-Pflege, die den kulturpolitischen Bestrebungen des Staates dient. Beethoven, so heißt es, sei ein Komponist, dessen Schaffen vor allem von den Gedanken und Gefühlen des fortschrittlichen, die Revolution herbeisehnenden Bürgertums inspiriert sei und dessen Musik ganz aus dem Geiste einer progressiven, mit dem Volk verbundenen humanistischen Gesinnung erwachsen wäre (vgl. Ernst Hermann Meyer, *Musik im Zeitgeschehen*, Berlin 1952, S. 61). Erst in den 1960er und noch mehr zu Beginn der 1970er Jahre kommt es zu einem Abbau der staatlich normierten Beethoven-Theorien zugunsten neuer, liberalerer und differenzierterer Standpunkte, bei denen der Komponist nicht nur als klischeehafte, humanistisch-demokratisch gesinnte Idealfigur begriffen wird, sondern auch als Individuum, dessen Biographie besondere, aus der Norm fallende Züge trägt.

Mit dem Thema Beethoven befassen sich auch einige Schriftsteller des 20. Jahrhunderts, darunter Thomas Mann in seinem 1947 veröffentlichten Roman *Doktor Faustus*. Der junge, im untergehenden Deutschland angesiedelte Tonsetzer Adrian Leverkühn schließt einen Pakt mit dem Teufel und schreibt daraufhin *Dr. Fausti Weheklag* und die *Apokalypsis cum figuris*, die antipodisch zu Beethovens humanistisch gesinnter Neunter Sinfonie und dem *Fidelio* stehen. Die Musik Beethovens steht auch immer wieder für Bedrohung und Krise. Dies findet man z. B. in dem Roman *El Acoso* (*Die Hetzjagd oder Finale auf Kuba*, 1956) des kubanischen Surrealisten Alejo Carpentier, in dem sich ein von Feinden in die Enge getriebener Revolutionär in ein Konzert flüchtet, wo er die *Eroica* hört und der Leser vom Schicksal des Gehetzten erfährt. Auch die Erzählung *Die Angst vor Beethoven* von Wolfgang Hilbig (1981), die den Protagonisten in eine von Irrsinn beherrschte Welt führt, ist ein Stück voller Gefahren, in dem der Komponist für das nicht Greifbare, Phantastische steht.

Mit dem Leben Beethovens beschäftigen sich auch eine An-

(Marginalien:)
Beethoven in der DDR

Belletristik

Film

zahl von Filmproduzenten, zunächst überwiegend französische. Zu den berührendsten Filmen gehört zweifellos Abel Gances *Un grand amour de Beethoven* (1936), in dem zum Ausdruck kommt, dass die unglückliche Liebe des Komponisten – hier zu Giulietta Guicciardi – zur notwendigen Voraussetzung für sein Schaffen wird. Bemerkenswert ist der Film *Beethoven – Tage aus einem Leben* (DDR; Günter Kunert, 1976), in dem es ebenfalls um die Liebe geht, darüber hinaus aber um die Widersprüche der differenzierten Künstlerpersönlichkeit, z. B. die kreative Besessenheit und die Sehnsucht nach geselligem Umgang, die ständige Verliebtheit und die Frauenfeindlichkeit, Freundschaften mit Adligen und demokratische Gesinnung, Selbstüberhebung und Demut u. a. In dem erfolgreichsten jüngeren Film, *Immortal Beloved* (*Unsterbliche Geliebte*, 1994), wird die Suche nach dieser fortgesetzt und führt zu Beethovens Schwägerin Johanna. Doch im weiteren Verlauf entbrennt ein Kampf um die Vormundschaft für Karl, bis es zum dramatischen Wendepunkt kommt: der Enthüllung seiner Vaterschaft.

Szene aus dem Film *Beethoven – Tage aus einem Leben*

Mit dem Beginn des Rundfunkzeitalters und der Produktion von Schallplatten, CDs und DVDs nimmt die Popularität Beethovens noch einmal stark zu, und seine Werke gehören zu den am meisten eingespielten Kompositionen. Immer dann, wenn ein neuer Tonträger aufkommt, wird er mit Beethoven vorgestellt, und wenn sich ein Interpret zum ersten Mal auf dem Schallplattenmarkt präsentiert, geschieht dies mit einem Werk des Komponisten. Noch heute ist es ja so, dass die »Beispielmusik« elektronischer Wiedergabe-Programme oft einen Beethoven-Titel enthält. Bald wetteifern zahlreiche Produzenten um die Gunst des Käufers, und der Konkurrenzkampf ist immens. Bereits 1932 beginnt die Herausgabe von Editionen, in denen sich Interpreten eines ganzen Werkzyklus annehmen (z. B. Wilhelm Kempff, Klaviersonaten), und später kommt

Tonträger

es zur Etablierung kontrastierender Interpretationen (etwa Furtwängler und Toscanini). Im Jahre 1970 beginnt man mit der Einspielung Beethoven'scher Werke auf historischen Instrumenten, und 2000 gelangt die erste DVD-Audio-Veröffentlichung mit Beethovenschen Sinfonien unter Daniel Barenboim und der Berliner Staatskapelle auf den Markt. Heute sind praktisch alle Werke des Komponisten erhältlich, und immer wieder gibt es Neudeutungen.

Beethoven-Pflege heute

Die Musik Beethovens ist gegenwärtig geschätzt wie nie zuvor, und sein Werk zu pflegen hat in vielen Ländern Tradition. In den Spielplänen der Konzerte steht sie in vorderster Reihe, der *Fidelio* wird neu inszeniert und auch die Klavier- und Kammermusikveranstaltungen sind beliebt. Besonders im Bereich der Sinfonik kommt es zu Höchstleistungen, denn wie jedes zeitlose Kunstwerk müssen die Sinfonien immer wieder entdeckt, erobert werden. Gerade deshalb stellen Dirigenten aus aller Welt »ihren« Beethoven vor: Herbert von Karajan, dessen Stil von Energie, Brillanz und Hingabe lebt, Simon Rattle, der einen schlanken Klang, zügige Tempi und scharfe dynamische Kontraste liebt und Erfahrungen mit historischer Aufführungspraxis einbringt, Nikolaus Harnoncourt, Daniel Barenboim und viele andere.

> »Mich interessiert die Entdeckung und nicht die Wiederholung. Und solange es auf dem Gebiet der Musik etwas zu entdecken gibt, werde ich mich dort finden [...].«
> (Nikolaus Harnoncourt in einem Interview, 1978; zit. n. Jaeger 1985, S. 172)

Beethoven-Haus Bonn

Zu den Institutionen, die um das geistige Erbe Beethovens bemüht sind, gehört auch das Beethoven-Haus in Bonn (eröffnet 1893), das sich dem Leben und Werk des Komponisten widmet. In den historischen Räumen der Gedenkstätte – Beethovens Geburtshaus – sind zahlreiche Exponate, darunter viele Musikinstrumente und Porträts, untergebracht. Darüber hinaus gibt es ein Archiv, eine Dokumentations- und Forschungsstelle, in der über 1 000 Originalhandschriften aufbewahrt werden. Berühmt ist das alljährlich zwischen Ende August und Anfang Oktober stattfindende Beethoven-Festival mit rund 70 Konzert- und Opernveranstaltungen, die in der Beethoven-Halle und zahlreichen anderen Spielstätten in Bonn und Umgebung stattfinden und bei denen über 2000 Künstlerinnen und Künstler mitwirken. Zum Programm gehören außerdem Symposien, Ausstellungen und Lesungen.

Einen bedeutenden Beitrag zur Beethoven-Pflege leistet natürlich auch Österreich. Musikalische Höhepunkte sind der internationale, in Wien stattfindende Beethoven-Klavierwettbewerb und die zahlreichen, überall im Lande stattfindenden Musikfestivals. Zu den Beethoven-Gedenkstätten gehören das sogenannte »Testamentenhaus« in Wien-Heiligenstadt, das »*Eroica*-Haus« in Döbling sowie das in Wien I befindliche »Pasqualati-Haus«. Dem Andenken des Komponisten widmet sich schließlich die Wiener Beethoven-Gesellschaft, die ebenfalls mit einer Reihe von Aktivitäten hervortritt, z. B. der Veranstaltung von Konzerten, der Veröffentlichung wissenschaftlicher Publikationen, der Verwaltung und Erweiterung eines Archivs und der Vergabe von Stipendien an junge Künstler.

Beethoven-Pflege in Wien

Das Beethoven-Haus Bonn, Straßenansicht

Anhang

darüber, ob Beethoven bei ihm in Wien studieren könne. – Anfang November: Übersiedlung nach Wien. – 18. Dezember: Tod des Vaters.

1793 Unterricht bei Haydn und Johann Schenk. – Beginn mit den Klaviertrios op. 1.

1794 Beethoven wohnt bei Lichnowsky. – Kompositionsunterricht bei Johann Georg Albrechtsberger und Antonio Salieri. – Beethovens Bruder Kaspar Karl übersiedelt ebenfalls nach Wien.

1795 29. März: Erster öffentlicher Auftritt im Wiener Burgtheater, wo das Erste oder das Zweite Klavierkonzert uraufgeführt wird. – Komposition der Klaviersonaten op. 2.

1796 Konzertreise nach Prag, Dresden, Leipzig und Berlin. – Veröffentlichung des Klaviertrios op. 1. – Violoncello-Sonaten op. 5.

1797 6. April: Uraufführung des Klavierquintetts op. 16 mit dem Schuppanzigh-Quartett. – Klaviersonaten op. 10.

1798 Komposition der Klaviersonate op. 13 *Pathétique*. – Erste Anzeichen der Schwerhörigkeit.

1799 Das Septett op. 20 entsteht. – Bekanntschaft mit den Gräfinnen Therese und Josephine Brunsvik, die bei ihm Klavierunterricht nehmen.

1800 Beethoven gibt das erste eigene Konzert im Burgtheater, in dem die Erste Sinfonie und das Septett op. 20 uraufgeführt werden. – Fürst Lichnowsky garantiert Beethoven eine jährliche Zuwendung von 600 florin. – Vollendung der Streichquartette op. 18.

1801 28. März: Uraufführung des Balletts *Die Geschöpfe des Prometheus*. – Beethoven verliebt sich in die junge Gräfin Giulietta Guicciardi und widmet ihr die *Mondscheinsonate*. – Beginn mit der Zweiten Sinfonie.

1802 Oktober: Heiligenstädter Testament. – Vollendung der Zweiten Sinfonie. – Klaviersonaten op. 31. – Ferdinand Ries und Carl Czerny werden Beethovens Schüler.

1803 Im April gibt Beethoven ein Konzert, in dem die Zweite Sinfonie, das Dritte Klavierkonzert und das Oratorium *Christus am Ölberge* aufgeführt werden. – Der Komponist erhält von Schikaneder den Auftrag, eine Oper zu komponieren. – Entstehung der *Eroica*. – *Kreutzer-Sonate, Waldstein-Sonate*.

1804 Private Aufführung der *Eroica*. – Napoleon lässt sich zum Kaiser krönen. – Bis 1805 Komposition der Oper *Leonore*. – Beethoven verliebt sich in Josephine Deym-Brunsvik, die Witwe des Grafen Deym. – Beginn mit der Fünften Sinfonie.

1805 7. April: Erste öffentliche Aufführung der *Eroica*. – 20. November: Uraufführung der *Leonore* im Theater an der Wien und Umarbeitung der Oper bis 1806. – Das Vierte Klavierkonzert entsteht (Vollendung 1806).

1806 Vollendung der Vierten Sinfonie. – Uraufführung des Violinkonzerts durch den Geiger Franz Clement. – Viertes Klavierkonzert. – Arbeit an den *Rasumowsky-Quartetten* op. 59. – Beethoven überwirft sich mit dem Fürsten Lichnowsky.

1807 Konzerte im Palais des Fürsten Lobkowitz u. a. mit der Vierten Sinfonie und dem Vierten Klavierkonzert. – Arbeit an der Fünften und Sechsten Sinfonie. – 13. September: Aufführung der Messe C-Dur für den Fürsten Nikolaus II. Esterházy in Eisenstadt. – 12. November: Beginn einer Serie von 20 Subskriptionskonzerten, bei denen zahlreiche Werke Beethovens aufgeführt werden.

1808 Oktober: Jérôme Bonaparte bietet Beethoven in Kassel die Stelle des Hofkapellmeisters an. – Mehrere Benefizkonzerte, darunter das berühmte Konzert am 22. Dezember mit der Fünften und Sechsten Sinfonie (Uraufführung), dem Vierten Klavierkonzert, Teilen der C-Dur-Messe und der *Chorfantasie*.

1809 Februar: Um Beethoven in Wien zu halten, garantieren ihm der Erzherzog Rudolph, Fürst Lobkowitz und Fürst Kinsky eine feste Jahresrente; der Komponist lehnt daraufhin die Berufung zum Hofkapellmeister in Kassel ab. – Entstehung des Fünften Klavierkonzertes.

1810 Februar: Beethoven macht Therese Malfatti einen Heiratsantrag, den sie ablehnt. – Frühjahr: Bekanntschaft mit Antonie Brentano, die neben Josephine Brunsvik ebenfalls als mögliche Adressatin des Briefes an die »Unsterbliche Geliebte« gilt. – Erste Aufführung der Musik zu Goethes *Egmont*.

1811 Arbeit an der Siebenten und Achten Sinfonie (Vollendung 1812). – Infolge des österreichischen Staatsbankrotts und der Inflation muss Beethoven um die Fortführung seiner Jahresrente kämpfen, die reduziert wird.

1812 Anfang Juli: Beethoven reist über Prag nach Teplitz, wo er am 6. / 7. Juli den Brief an die »Unsterbliche Geliebte« schreibt. – In Teplitz trifft er sich auch mit Goethe.

1813 Beethoven komponiert die Schlachtensinfonie *Wellingtons Sieg oder die Schlacht bei Vittoria*, die zusammen mit der Siebenten Sinfonie am 8. Dezember uraufgeführt wird. – 18. Oktober: Niederlage Napoleons in der Völkerschlacht bei Leipzig.

1814 23. Mai: Erste Aufführung der dritten (letzten) Fassung des *Fidelio*. – 18. September: Beginn des Wiener Kongresses.

1815 Konzerte zum Wiener Kongress. – 15. November: Tod des Bruders Kaspar Karl; zusammen mit seiner Schwägerin Johanna erhält Beethoven die Vormundschaft über seinen Neffen Karl. – Kantate *Meeresstille* und *Glückliche Fahrt* op. 112.

1816 Prozess um die Vormundschaft über den Neffen, den Beethoven gewinnt. – Liederkreis *An die ferne Geliebte* op. 98. – Klaviersonate op. 101.

1817 Beethoven leidet den größten Teil des Jahres unter Krankheiten. – Aufführung des Achten Sinfonie im Redoutensaal. – Klaviersonate op. 106 (*Hammerklaviersonate*), die 1818 fertiggestellt wird.

1818 Beginn mit der Arbeit an der Neunten Sinfonie. – Die Streitigkeiten um den Neffen erreichen einen Höhepunkt. – Beethoven ist inzwischen völlig taub und kann sich nur noch mit Hilfe von Konversationsheften verständigen.

1819 Neue Probleme im Zusammenhang mit der Vormundschaft. – Beginn mit der Arbeit an der *Missa solemnis*.

1820 Das Appellationsgericht spricht Beethoven die Vormundschaft für seinen Neffen definitiv zu. – Klaviersonate op. 109.

1821 Beethoven beginnt mit der letzten Klaviersonate op. 110. – Erkrankung an Gelbsucht.

1822 Auftrag für mehrere Streichquartette von dem russischen Fürsten Galitzin aus St. Petersburg. – Ouvertüre *Die Weihe des Hauses*, die zur Neueröffnung des Theaters in der Josefstadt komponiert wird.

1823 Hauptarbeit an der Neunten Sinfonie. – Vollendung der *Missa solemnis* und der *Diabelli-Variationen* op. 120.

1824 7. April: Erste Aufführung der *Missa solemnis* in St. Petersburg. – 7. Mai: Konzert im Kärntnertor-Theater mit der erstmaligen Aufführung der Neunten Sinfonie und Teilen der *Missa solemnis*. – Das Streichquartett op. 127 entsteht.

1825 Vollendung der Streichquartette op. 127 und 132; Aufführung dieser Werke durch Schuppanzigh und Joseph Böhm. – 15. Oktober: letzter Umzug ins Schwarzspanierhaus.

1826 Vollendung der Streichquartette op. 130, 131 und 135; Aufführung des Quartetts op. 130 durch Schuppanzigh. – 6. August: Selbstmordversuch des Neffen. – 29. September: Reise zum Bruder Johann nach Gneixendorf. – Beginn der schweren Erkrankung.

1827 3. Januar: Beethoven schreibt sein Testament. – Krankenlager und Tod am 26. März. – Beerdigung am 29. März auf dem Währinger Friedhof.

Bibliographie

Im Text verwendete Siglen

BG Brandenburg, Sieghard u.a. (Hrsg.): *Ludwig van Beethoven, Briefwechsel.* Gesamtausgabe in 8 Bdn. München/Bonn 1996 ff.

TDR Thayer, Alexander Wheelock: *Ludwig van Beethovens Leben* (3 Bde.), Berlin 1866, 1872, 1879; 2. Aufl., hrsg. und erweitert von Hermann Deiters/Hugo Riemann (5 Bde.), Leipzig 1901 bis 1911; 3. Aufl. 1917 bis 1923. Reprint: Hildesheim 1970-1972. Thayer gilt als der erste Beethoven-Biograph, dessen Interesse sich insbesondere auf eine möglichst akribische Darstellung der äußeren Tatsachen auf der Basis aller damals erreichbaren Dokumente richtete.

Werkverzeichnis, Gesamtausgaben

Kinsky, Georg: *Das Werk Beethovens. Thematisch-bibliographisches Verzeichnis seiner sämtlichen vollendeten Kompositionen.* Nach dem Tod des Verfassers vervollständigt und hrsg. von Hans Halm, München 1955

Ludwig van Beethovens Werke. Vollständige kritisch durchgesehene überall berechtigte Ausgabe (25 Bde.). Hrsg. u. a. von Gustav Nottebohm und Selmar Bagge. Leipzig 1862-1865, 1888

Hess, Willy: *Verzeichnis der nicht in der Gesamtausgabe veröffentlichten Werke Ludwig van Beethovens.* Zusammengestellt für die Ergänzung der Beethoven-Gesamtausgabe. Wiesbaden 1957

Ludwig van Beethoven: Werke. Neue Ausgabe sämtlicher Werke. Hrsg. vom Beethoven-Archiv Bonn. München/Duisburg 1961 ff.

Periodika

Beethovenjahrbuch. Hrsg. von Theodor von Frimmel (2 Bde.). München (Leipzig) 1908 und 1909

Neues Beethoven-Jahrbuch. Hrsg. von Adolf Sandberger (10 Bde.). Augsburg 1924-1942

Beethoven-Jahrbuch. Hrsg. von Paul Mies und Joseph Schmidt-Görg, später von Hans Schmidt und Martin Staehelin (9 Bde.). Beethoven-Haus Bonn 1954-1983

Bonner Beethoven-Studien. Veröffentlicht vom Beethoven-Haus Bonn. [Leinfelden-Echterdingen] 1999 ff.

Sammelbände

Cooper, Barry: *Das Beethoven-Kompendium*. München 1992. Grundlegendes Kompendium zu allen wichtigen Aspekten von Beethovens Leben, Werk und Persönlichkeit.

Hiemke, Sven (Hrsg.): *Beethoven-Handbuch*. Kassel 2009.
In diesem neuen Band, der mit dem Kapitel »Beethoven und seine Welt« von Martin Geck eingeleitet wird, sind nahezu alle Werke des Komponisten enthalten. Den Abschluss bildet ein Beitrag über die Rezeptionsgeschichte von Hans-Joachim Hinrichsen.

Loesch, Heinz von/Raab, Claus: *Das Beethoven-Lexikon*. Laaber 2008.
Hält eine enorme Fülle an Informationen bereit und gilt als das vollständigste Nachschlagewerk über den Komponisten.

Dokumente

Fiebig, Paul (Hrsg.): *Über Beethoven. Von Musikern, Dichtern und Liebhabern*. Stuttgart 1993

Kunze, Stefan (Hrsg.): *Ludwig van Beethoven. Die Werke im Spiegel seiner Zeit*. Gesammelte Konzertberichte und Rezensionen bis 1830. Laaber 1987, 2. Aufl. 1996

Leitzmann, Albert: *Ludwig van Beethoven. Berichte der Zeitgenossen, Briefe und persönliche Aufzeichnungen* (2 Bde.). Leipzig 1921, Neuausgabe 1952

Köhler, Karl-Heinz/Herre, Grita/Beck, Dagmar (Hrsg.): *Ludwig van Beethovens Konversationshefte*. Vollständige Ausgabe in 10 Bdn. Leipzig 1972-1993

Kastner, Emerich (Hrsg.): *Ludwig van Beethovens sämtliche Briefe*. 2. Aufl. bearb. von Julius Kapp. Leipzig 1923, Nachdruck München 1975

Liszt, Franz: *Gesammelte Schriften* (6 Bde.) Leipzig 1880

Nohl, Ludwig: *Beethoven nach den Schilderungen seiner Zeitgenossen*. Stuttgart 1877

Schaefer, Hansjürgen (Hrsg.): *Ludwig van Beethoven. Briefe*. Berlin 1969. Nachdruck 1978

Schünemann, Georg: *Ludwig van Beethoven: Konversationshefte*. Berlin 1941-1943

Solomon, Maynard/Brandenburg, Sieghard (Hrsg.): *Ludwig van Beethovens Tagebuch*. Mainz 1990

Sonneck, Oscar George Theodore: *Impressions by his contemporaries* (Übersetzung: Frederick H. Martens u. a.). New York 1967

Wetzstein, Margot (Hrsg.): *Familie Beethoven im kurfürstlichen Bonn*. Neuauflage nach den Aufzeichnungen des Bonner Bäckermeisters Gottfried Fischer. Bonn 2006

Biographien (Auswahl)

1. 1840-1936

Bekker, Paul: *Beethoven*. Berlin /Leipzig 1912

Halm, August: *Beethoven*. Berlin 1927

Nohl, Ludwig: *Beethovens Leben* (3 Bde.). Wien 1864 u. Leipzig 1867-1877

Riezler, Walter: *Beethoven*. Berlin/Zürich 1936. 12. Aufl. 1983

Schiedermair, Ludwig: *Der junge Beethoven*. Leipzig 1925, Nachdruck 1978

Schindler, Anton: *Biographie von Ludwig van Beethoven*. Münster 1840, 5. Aufl. (ausgestattet von Fritz Volbach) 1927, 3. Nachdruck der Ausgabe von 1871, Hildesheim 2004

2. 1953-1982

Rexroth, Dieter: *Beethoven*. Mainz 1982

Schönewolf, Karl: *Beethoven in der Zeitenwende*. 2 Bde. Halle/Saale 1953

Der Autor hebt den Komponisten als eine Persönlichkeit hervor, dessen Werk den Idealen der Französischen Revolution verpflichtet ist.

Solomon, Maynard: *Beethoven*. München 1979.

Hervorragende Lebensbeschreibung von hohem wissenschaftlichen Niveau.

3. 1987-2009

Dahlhaus, Carl: *Ludwig van Beethoven und seine Zeit*. Laaber 1987

Geck, Martin: *Ludwig van Beethoven*. Reinbek 1996; überarb. Neuausgabe 2006

Irmen, Hans-Josef: *Beethoven in seiner Zeit*. Zülpich 1998

Küster, Konrad: *Beethoven*. Stuttgart 1994

Lockwood, Lewis: *Beethoven. Seine Musik – Sein Leben*. Kassel / Stuttgart / Weimar 2009

Bildbände

Landon, H. C. Robbins: *Beethoven. Sein Leben und seine Welt in zeitgenössischen Bildern und Texten*. Zürich 1970

Orlando, Enzo (Hrsg.): *Beethoven: ein Text- und Bildband über Leben und Werk des Künstlers*. Eltville / München 1988

Schmidt-Görg, Joseph / Schmidt, Hans: *Ludwig van Beethoven*. Bonn 1969

Studien zu einzelnen Gattungen

Csampai, Attila / Holland, Dietmar (Hrsg.): *Ludwig van Beethoven. Fidelio. Texte, Materialien, Kommentare*. Reinbek 1981

Eichhorn, Andreas: *Beethovens neunte Sinfonie*. Kassel / Basel / London / New York 1993

Engel, Till: *Klavierkonzerte*, in: *Das Beethoven-Lexikon*, hrsg. von Heinz von Loesch und Claus Raab

Hiemke, Sven: *Ludwig van Beethoven. Missa solemnis*. Kassel / Stuttgart / Weimar 2003

Hildebrandt, Dieter: *Die Neunte: Schiller, Beethoven und die Geschichte eines musikalischen Welterfolgs*. München 2009

Indorf, Gerd: *Beethovens Streichquartette*. Freiburg / Br. 2004

Mauser, Siegfried: *Beethovens Klaviersonaten*. München 2001

Rexroth, Dieter: *Beethovens Symphonien*. München 2005

Riethmüller, Albrecht / Dahlhaus, Carl / Ringer, Alexander (Hrsg.): *Beethoven. Interpretation seiner Werke*. Laaber 1994

Uhde, Jürgen: *Beethovens Klaviermusik* (3 Bde.) Stuttgart 1980

Ulm, Renate (Hrsg.): *Die 9 Symphonien Beethovens*. Kassel / Basel / London usw. 1994; weitere Aufl. 1995, 1999, 2005, 2009

Werner-Jensen, Arnold: *Reclams Musikführer: Ludwig van Beethoven*. Stuttgart 1998.

Konzertführer mit Besprechungen der wichtigsten Werke des Komponisten.

Studien zur Rezeption

Bauer, Elisabeth Eleonore: *Wie Beethoven auf den Sockel kam*. Stuttgart 1992

Eggebrecht, Hans Heinrich: *Zur Geschichte der Beethoven-Rezeption*. Laaber 1994

Hermand, Jost: *Beethoven: Werk und Wirkung*. Köln / Weimar / Wien 2003

Loos, Helmut: *Beethoven und die Nachwelt: Materialien zur Wirkungsgeschichte*. Bonn 1986

Schmitt, Ulrich: *Revolution im Konzertsaal*. Mainz 1990

Weitere Literatur

Bülow, Marie von (Hrsg.): *Ausgewählte Briefe*. Leipzig 1908

Carpentier, Alejo: *Die Hetzjagd*. Frankfurt / M. 1990

Haas, Willy (Hrsg.): *Zeitgemäßes aus der ›Literarischen Welt‹ von 1925-1932*. Stuttgart 1963

Hilbig, Wolfgang: *Die Angst vor Beethoven.* Frankfurt / M. 1981, 1997

Hoffmann, E. T. A.: *Sämtliche Werke in sechs Bänden*. Hrsg. von Hartmut Steinecke u. a. Frankfurt / M. 2003

Jaeger, Stefan: *Das Atlantisbuch der Dirigenten*. Zürich 1985

Kalbeck, Max: *Johannes Brahms* (8 Bde.). Wien / Berlin 1904-1914

Kerst, Friedrich: *Die Erinnerungen an Beethoven* (2 Bde.). Stuttgart 1923

Ley, Stephan: *Beethoven als Freund der Familie Wegeler- v. Breuning*. Bonn 1927

Mann, Thomas: *Doktor Faustus: das Leben des deutschen Tonsetzers Adrian Leverkühn erzählt von einem Freunde*. Frankfurt / M. 1994

Meyer, Ernst Hermann: *Musik im Zeitgeschehen*. Berlin 1952

Paumgartner, Bernhard: *Das kleine Beethovenbuch*. Salzburg 1968

Polko, Elise: *Ludwig van Beethoven*. O. O. 1852

Reichhardt, Johann Friedrich: *Briefe, die Musik betreffend: Berichte, Rezensionen, Essays*. Leipzig 1976

Ders.: *Vertraute Briefe geschrieben auf einer Reise nach Wien* (2 Bd.). München 1915

Riesbeck, Johann Kaspar: *Briefe eines reisenden Franzosen über Deutschland zu Paris*. O. O. 1784

Rochlitz, Johann Friedrich: *Für Freunde der Tonkunst* (4 Bde.). Hrsg. v. Alfred Dörffel Leipzig 3. Aufl. 1868

Rolland, Romain: *Beethovens Meisterjahre*. Berlin 1952

Schumann, Robert: *Sein Leben nach Briefen*. Leipzig 1871

Sievers, Otto: *Robert Griepenkerl, der Dichter des Robbespierre*. Wolfenbüttel 1879

Strawinsky, Igor: *Leben und Werk, von ihm selbst*. Zürich / Mainz 1957

Tolstoi, Leo: *Die Kreutzersonate*. Frankfurt / M. / Leipzig 2003

Wagner, Richard: *Eine Pilgerfahrt zu Beethoven*. O. O. 1840; München 1920

Ders.: *Das Kunstwerk der Zukunft*. Leipzig 1849

Wegeler, Franz Gerhard / Ries, Ferdinand: *Biographische Notizen über Ludwig van Beethoven*. Hildesheim 1972 (Reprint der Ausgaben Koblenz 1838 und 1845)

Weise, Dagmar: *Festschrift Joseph Schmidt-Görg zum 60. Geburtstag*. Bonn 1957

Internetadresse

http://www.beethoven-haus-bonn.de

Personenregister

Werkregister

(Die Werke sind alphabetisch bzw. innerhalb der einzelnen Werkgruppen nach steigender Opuszahl angeordnet.)

Da das Verzeichnis nur als Hilfe beim Auffinden der Werke in diesem Band dienen soll, wird auf vollständige Angaben zum Titel mitunter verzichtet und nur so viel genannt, dass das jeweilige Werk identifiziert werden kann.

Werke mit Opuszahl

Duosonaten für Violine und Klavier
Sonate A-Dur (»Kreutzer-Sonate«; op. 47) 39, 104, 123

Klavierkonzerte
Konzert Nr. 1 C-Dur (op. 15) 28 f., 91-93
Konzert Nr. 2 B-Dur (op. 19) 91-93
Konzert Nr. 3 c-Moll (op. 37) 28, 34, 91-94
Konzert Nr. 4 G-Dur (op. 58) 39, 41, 91 f., 94-96
Konzert Nr. 5 Es-Dur (op. 73) 39, 44, 91 f., 96 f.

Klaviersonaten
3 Sonaten: f-Moll, A-Dur, C-Dur (op. 2) 26 f.
3 Sonaten: c-Moll, F-Dur, D-Dur (op. 10) 27
Sonate c-Moll (»Sonate pathétique«; op. 13) 28, 93, 106, 123
Sonate Es-Dur (op. 27 Nr. 1) 108
Sonate cis-Moll (»Mondscheinsonate«; op. 27 Nr. 2) 32, 105
3 Sonaten: G-Dur, d-Moll, Es-Dur (op. 31) 31, 107
Sonate C-Dur (»Waldstein-Sonate«; op. 53) 107
Sonate f-Moll (»Appassionata«; op. 57) 36, 94, 105, 107, 123, 128
Sonate Es-Dur (»Les Adieux«; op. 81a) 44
Sonate A-Dur (op. 101) 55 f.
Sonate B-Dur (op. 106) 56 f., 107
Sonate E-Dur (op. 109) 58, 107
Sonate As-Dur (op. 110) 58, 107 f.
Sonate c-Moll (op. 111) 58, 107

Klavierfantasien
Fantasie g-Moll (op. 77) 108

Septett Es-Dur (op. 20) 103, 138

Sinfonien
Sinfonie Nr. 1 C-Dur (op. 21) 28 f., 31, 74 f., 88, 116
Sinfonie Nr. 2 D-Dur (op. 36) 31, 34, 116
Sinfonie Nr. 3 Es-Dur (»Sinfonia eroica«; op. 55) 8, 34-36, 60, 71, 73,
    75-78, 94, 96, 117-119, 123, 128, 132
Sinfonie Nr. 4 B-Dur (op. 60) 38, 40, 74, 94
Sinfonie Nr. 5 c-Moll (op. 67) 8, 39-41, 60, 71, 73, 77-79, 81, 94, 117 f.,
    128-131
Sinfonie Nr. 6 F-Dur (»Sinfonia pastorale«; op. 68) 6, 39, 41, 74, 79 f.,
    94, 117, 119
Sinfonie Nr. 7 A-Dur (op. 92) 53, 81-83
Sinfonie Nr. 8 F-Dur (op. 93) 50, 60, 74, 78
Sinfonie Nr. 9 d-Moll (op. 125) 7 f., 20, 57-59, 61-63, 67, 73, 83-87,
    117-119, 121, 122, 126, 128 f.

Streichquartette
6 Quartette: F-Dur, G-Dur, D-Dur, c-Moll, A-Dur, B-Dur (op. 18) 103
3 Quartette: F-Dur, e-Moll, C-Dur (»Rasumowsky-Quartette«, darun-
    ter: Quartett F-Dur op. 59 Nr. 1; op. 59) 39 f., 104
Quartett Es-Dur (»Harfenquartett«; op. 74) 104
Quartett f-Moll (op. 95) 104
Quartett Es-Dur (op. 127) 58, 61, 104
Quartett B-Dur (op. 130) 66, 104
Quartett cis-Moll (op. 131) 104
Quartett a-Moll (op. 132) 65 f., 104
Quartettfuge B-Dur (op. 133) 104
Quartett F-Dur (op. 135) 67, 104

Streichquintett C-Dur (op. 29) 39

Trio Es-Dur (op. 3) 103

Violinkonzert D-Dur (op. 61) 8, 41, 94, 97-99

2 Violoncello-Sonaten: F-Dur, g-Moll (op. 5) 28

Vokalmusik mit Orchester

Werke ohne Opuszahl

(WoO = Werk ohne Opuszahl; Anordnung nach steigender WoO-Nummer)

Bildnachweis

Suhrkamp BasisBiographien

Ein spannendes Leben, ein beeindruckendes Werk, eine bleibende Wirkung – die Suhrkamp BasisBiographien erzählen von Leben, Werk und Wirkung der großen Persönlichkeiten der Weltgeschichte.

Bob Dylan Von Jens Rosteck. sb 18. 160 Seiten
ISBN 978-3-518-18218-5

Mahatma Gandhi Von Matthias Eberling. sb 19. 160 Seiten
ISBN 978-3-518-18219-2

Che Guevara Von Stephan Lahrem. sb 6. 160 Seiten
ISBN 978-3-518-18206-2

Jürgen Habermas Von Stefan Müller-Dohm. sb 38. 160 Seiten
ISBN 978-3-518-18238-3

Georg Friedrich Händel Von Peter Overbeck. sb 37. 160 Seiten
ISBN 978-3-518-18237-6

Heinrich Heine Von Joseph A. Kruse. sb 7. 160 Seiten
ISBN 978-3-518-18207-9

Jimi Hendrix Von Peter Kemper. sb 40. 160 Seiten
ISBN 978-3-518-18240-6

Hermann Hesse Von Michael Limberg. sb 1. 160 Seiten
ISBN 978-3-518-18201-7

Alfred Hitchcock Von Thilo Wydra. sb 43. 160 Seiten
ISBN 978-3-518-18243-7

James Joyce Von Hans-Christian Oeser und Jürgen Schneider.
sb 21. 160 Seiten. ISBN 978-3-518-18221-5

Frida Kahlo Von Karen Genschow. Mit farbigen Abbildungen
sb 22. 160 Seiten. ISBN 978-3-518-18222-2

Franz Kafka Von Andreas B. Kilcher. sb 28. 160 Seiten
ISBN 978-3-518-18228-4

Klaus Kinski Von Peter Geyer. sb 20. 160 Seiten
ISBN 978-3-518-18220-8

Wolfgang Koeppen Von Günter und Hiltrud Häntzschel.
sb 12. 160 Seiten. ISBN 978-3-518-18212-3

Christoph Kolumbus Von Frauke Gewecke. sb 14. 160 Seiten
ISBN 978-3-518-18214-7

John Lennon Von Peter Kemper. sb 23. 160 Seiten
ISBN 978-3-518-18223-9